Indústria Mineira - Uma Perspectiva Estratégica

Amit Kumar Sharma
Mamta Brahmbhatt

Indústria Mineira - Uma Perspectiva Estratégica

ScienciaScripts

Imprint

Any brand names and product names mentioned in this book are subject to trademark, brand or patent protection and are trademarks or registered trademarks of their respective holders. The use of brand names, product names, common names, trade names, product descriptions etc. even without a particular marking in this work is in no way to be construed to mean that such names may be regarded as unrestricted in respect of trademark and brand protection legislation and could thus be used by anyone.

Cover image: www.ingimage.com

This book is a translation from the original published under ISBN 978-613-9-90721-2.

Publisher:
Sciencia Scripts
is a trademark of
Dodo Books Indian Ocean Ltd. and OmniScriptum S.R.L publishing group

120 High Road, East Finchley, London, N2 9ED, United Kingdom
Str. Armeneasca 28/1, office 1, Chisinau MD-2012, Republic of Moldova, Europe
Printed at: see last page
ISBN: 978-620-5-86816-4

Copyright © Amit Kumar Sharma, Mamta Brahmbhatt
Copyright © 2023 Dodo Books Indian Ocean Ltd. and OmniScriptum S.R.L publishing group

Indústria mineira - A Perspectiva Estratégica

Do Dr. Amit Kumar Sharma

Este livro é dedicado à minha família:
Os meus pais, a minha mulher e os meus sogros.

Da Dra. Mamta Brahmbhatt

Este livro é dedicado à minha família:
Sr. Jay Desai (Marido) e Viha Desai (Minha Filha)

Escrever este livro tem sido um exercício de aprendizagem sustentada. O leitor ocasional pode, talvez, isentar-se de culpa excessiva, mas para aqueles de vós que desempenharam o papel mais importante no prolongamento das nossas agonias com o vosso encorajamento e apoio, bem... ...sabeis quem sois, e estais em dívida para connosco".

Sobre os Autores

Dr. Amit Kumar Sharma
A trabalhar na BEML Ltd (PSU Under Ministry of Defence), Ph.D., MMM, UGC NET (Management), B.E. (Mechanical).

O **Dr. Amit Kumar Sharma** tem mais de 8 anos de experiência na indústria e actualmente trabalha como Gestor Assistente na BEML LTD (PSU Under Ministry of Defence) em Ahmedabad desde 21.10.2010. Está envolvido no fabrico de equipamentos de movimentação de terras como retroescavadoras, escavadoras, escavadoras, motoniveladoras, motoniveladoras, tubagens, páraquedas, etc., para várias aplicações para além das actividades comerciais nas ferrovias e na defesa. Está a tratar da responsabilidade total de Vendas e Marketing para o desenvolvimento de negócios na região de Gujarat.

É doutorado em Gestão de Empresas no tema "**A Study on Problem and Prospect of Mining Industry in State of Gujarat**" pela Universidade de Gujarat. É licenciado em Mecânica pela PIET e concluiu com sucesso a sua pós-graduação, ou seja MMM (Master of Marketing Management) em Especialização em Marketing pela Universidade de Pune. Também foi aprovado na UGC_NET em Gestão em 2011. Um líder excepcional que é capaz de desenvolver e motivar outros a atingir objectivos, que pode demonstrar uma forte capacidade de gestão de projectos desde a concepção até à conclusão com sucesso. Trabalhar num ambiente profissional onde possa dar um contributo significativo para a prosperidade da organização, utilizando as minhas competências e aprendendo ao longo do caminho.

O Dr. Amit Kumar Sharma publicou artigos em vários referredjournals nacionais e estatais. Os seus trabalhos de investigação também foram apresentados em várias conferências Internacionais e Nacionais.

Dra. Mamta Brahmbhatt
Professor associado - MBA
BBA, DCA, MBA (Finanças), M.Com (Negócios/Finanças), Ph.D.
(Gestão Bancária), UGC_NET (Gestão), GSLET (Comércio)

A Dra. Mamta Brahmbhatt tem mais de 18 anos de experiência académica e actualmente é Professora Associada na área de Técnicas Quantitativas e Gestão Estratégica na B.K. School of Business Management, Universidade de Gujarat. Antes de entrar aqui, foi associada ao Instituto Nacional de Gestão de Cooperativas, Gandhinagar como Professora Associada desde 2010. Tem um doutoramento em Banca. Gestão no tema "A study on the Service Quality and Customer Satisfaction among Private, Public and Foreign Banks -With reference to Gujarat Region" da Universidade de Bhavnagar. É licenciada pela K.S. School of Business Management; concluiu com sucesso o seu MBA em Especialização Financeira. Para alargar a sua base académica, obteve o Mestrado em Comércio com especialização em Finanças Empresariais, onde foi a melhor aluna da Universidade de Gujarat e obteve o seu diploma em aplicação informática (DCA) pela Universidade de Gujarat. Realizou um curso de certificação em SPSS do Departamento de Estatística, S.P. University. Ela obteve aprovação em NET em Gestão e GSLET em Comércio. É uma forte adepta da disciplina, o que se reflecte claramente nos diversos cursos que ministra num curto espaço de tempo, proporcionando assim, verdadeiramente, a si própria como uma académica versátil.

O Dr. Brahmbhatt tem publicado artigos em várias das principais revistas internacionais e nacionais referidas. Os seus trabalhos de investigação também foram apresentados em várias conferências internacionais e nacionais; poucos trabalhos de investigação receberam os prémios de melhor trabalho de investigação. A sua publicação inclui mais de 100 trabalhos de investigação publicados e cinco livros. Também participou no FDP patrocinado pela AICTE, organizado pela NITIE, Mumbai e no programa de capacitação organizado pelo ICSSR em Udaipur e no International Research Workshop on Data Analytics organizado pelo Geaddu College of Business Studies, Royal University of Bhutan

A Dra. Mamta Brahmbhatt estabeleceu a R & D Cell no instituto e conduziu muitos programas no âmbito da R & D Cell com vários departamentos da Universidade de Gujarat. . Ela tem conhecimentos especiais em análise de dados e métodos estatísticos. Tem estado activamente envolvida no ensino, formação e investigação há mais de 18 anos. A Dra. Mamta Brahmbhatt realizou uma sessão de peritos em métodos de investigação e SPSS no FDP/workshop/STTP/STC organizado por KCG, NIFT, GNLU, ASC_GU, BAOU, Universidade de Marwadi e Bhartiya Vidya Bhavan. É coordenadora do Pós-Graduação em Negócios Internacionais para a Academia de Gestão da BKSBM, Universidade de Gujarat. Ela é também a coordenadora dos programas integrados do MoU, nomeadamente do programa de Pós-Graduação em Gestão, Aplicação Informática e Ciência Informática.

Índice

Capítulo 1   7

Capítulo 2   40

Agradecimentos

"Se tudo fosse perfeito, nunca aprenderia e nunca cresceria"

Como sempre é impossível mencionar todas as pessoas que tiveram impacto neste trabalho, no entanto, há aqueles cujo apoio espiritual é ainda mais importante. Sentimos um profundo sentimento de gratidão pelos nossos pais que fizeram parte da nossa visão e nos ensinaram coisas boas que realmente importam na vida. O seu amor infalível e o seu apoio sempre foram a nossa força. A sua paciência e sacrifício continuarão a ser a nossa inspiração ao longo da nossa vida. Este livro é possível devido a todos os membros da nossa família pela sua constante inspiração e encorajamento.

Dr. Amit Kumar Sharma
Dra. Mamta Brahmbhatt

1.0 Introdução

O sector mineiro é um dos sectores centrais da economia, que fornece matéria-prima para muitas indústrias em muitas áreas. De acordo com o Estudo Económico 2016-2017, prevê-se uma taxa de crescimento de 7,5% após a implementação do Imposto sobre Bens e Serviços (GST) na Índia. A indústria mineira na Índia é uma importante actividade económica que contribui significativamente para a economia da Índia. A contribuição da indústria mineira para o PIB varia de 2,2% a 2,5% apenas, mas, se for pelo PIB do sector industrial total, contribui com cerca de 10% a 11%. De acordo com a India Brand Equity Foundation (IBEF), no seu relatório-2017, estudou que a Índia tem um vasto potencial mineral com arrendamentos mineiros concedidos por um período mais longo de 20-30 anos. O relatório acrescenta ainda que o âmbito e as oportunidades para novas capacidades mineiras se encontram na vasta gama. A política de IDE da Índia na indústria mineira também proporciona boas oportunidades para os investidores estrangeiros. O crescimento da indústria mineira da Índia é apelativo e tem também alguns problemas de manutenção do ambiente, envolvimento do público local, factores externos que afectam a indústria mineira e mineração responsável. Assim, tais factores são altamente essenciais para o estudo em termos académicos, bem como da profissão, com vista a fornecer um plano sobre problemas e perspectivas ao Governo, bem como preocupações. Este estudo é académico, mas com o intuito de fazer recomendações para esta indústria. Este capítulo fornece os antecedentes de estudo, a história da indústria mineira em todo o mundo, a indústria mineira na Índia e a indústria mineira em Gujarat.

1.1 Antecedentes do estudo

Make in India and Mining Industry está reciprocamente associado a duas faces de uma moeda no país como a Índia. A indústria mineira da Índia tem o poder de crescer criando mais oportunidades de emprego, satisfazendo a crescente procura de indústrias como a manufactura e infra-estruturas, e também através de contribuições fiscais acrescidas. A indústria mineira na Índia é comparativamente pequena e tradicional em comparação com a China, Brasil, Canadá, Estados Unidos, Chile, e Austrália. O valor real acrescentado do sector mineiro indiano ao PIB é muito baixo: 14,4 mil milhões de USD contra o da China (150 mil milhões de USD), Austrália (38 mil milhões de USD) e Brasil (21 mil milhões de USD). Entre 2010 e 2012, o sector mineiro da Índia cresceu 0,8% em comparação com 15% para a China, 5,3% nos Estados Unidos, 2,5% no Canadá e 2% no Brasil. Além disso, a Índia está classificada abaixo do potencial do mineral composto e das políticas, com uma classificação Fraser de 59 entre 96 regiões mineiras, tornando a Índia menos atractiva para investimentos. (McKinsey & Company, 2014). Algumas razões estruturais para o baixo crescimento do sector mineiro da Índia estão também registadas como; a Índia está atrasada na geração de dados geofísicos e geoquímicos de base, a Índia enfrenta desafios únicos na aquisição e execução de reassentamento e reabilitação de terras, longos prazos de execução para a CE/FC, procedimentos de arrendamento mineiro e carece de tecnologia avançada para recursos mineiros de difícil acesso. Há a diferente interpretação das leis pelos estados e pelo governo central, e uma comunicação inadequada e um incumprimento ambiental substancial por parte da indústria. (McKinsey & Company, 2014).

Há numerosos estudos realizados por académicos, investigadores e profissionais com referência aos problemas e perspectivas da indústria mineira na Índia. A maioria dos estudos favoreceu a indústria mineira tecno-eficiente da Índia. O crescimento das telecomunicações, da tecnologia e dos transportes pode ser provado como motor fundamental do desenvolvimento do sector mineiro da Índia.

O estado de Gujarat está agrupado em seis partes fisiográficas em termos de recursos minerais como; Aravalis do Sul e o tracto montanhoso adjacente. Planalto de Deccan e o tracto adjacente do Gujarat do Sul, Planícies Centrais do Gujarat, Península de Saurashtra, Península de Kutch e Rann de Kutch (Evolução Geológica e Recursos Minerais do Gujarat, 2010). O Gujarat é próspero em termos deste tipo de minerais, mas o vasto âmbito de desenvolvimento da indústria mineira tem ainda de ser utilizado a nível global como tal; Chile e Brasil.

Este estudo concentra-se nos problemas e perspectivas da indústria mineira do Norte de Gujarat porque a ala da globalização tem de cobrir o âmbito do desenvolvimento da indústria mineira. Tem numerosos problemas como; a política governamental, o envolvimento da população local, incluindo os factores externos e internos a esta indústria. O título deste estudo é *A Study on Problem and Prospect of Mining Industry in State of Gujarat*, que deve ser realizado como estudo de método misto.

Este estudo concentra-se basicamente no granito, mármores e pedreiras, conduzindo os seus negócios para o desenvolvimento sustentável no estado de Gujarat. Os estudos relacionados com estes três tipos de indústria mineira no contexto de Gujarat estão a ser conduzidos por Organismos Governamentais, bem como por investigadores e empresas profissionais. Também se nota que o trabalho de investigação é comparativamente baixo, conduzido por académicos. É geralmente concluído na maior parte das investigações conduzidas por profissionais e organismos governamentais, destacando-se a adopção de alta tecnologia nesta indústria.

Também se estuda que a Índia é um dos poucos países do mundo, tendo mineração e processamento de granito, mármore, arenito, pedra calcária e ardósia em quartis. Também se estuda que existe um vasto âmbito de utilização de resíduos gerados pela mineração, processamento na Índia e em Gujarat, inclusive.

1.2 História da Indústria Mineira

Nesta sub-secção, a história da indústria mineira é discutida em termos de épocas históricas em todo o mundo e na Índia. O objectivo desta subsecção é fornecer uma visão geral da indústria mineira e das suas formas de utilização em diferentes épocas.

1.2.1 Idades históricas: Mundo

A história da indústria mineira é paralela à da civilização humana. O período de tais épocas é classificado pelos historiadores, de acordo com a sua utilidade. Tais épocas são mencionadas da seguinte forma:-

(1)   Idade da Pedra

A Idade da Pedra foi um amplo período pré-histórico durante o qual a pedra foi amplamente utilizada para fazer implementos com uma borda, um ponto, ou uma superfície de percussão. O período durou cerca de 3,4 milhões de anos.

(2)   Idade do Ferro

A Idade do Ferro é uma era arqueológica, referindo-se a um período de tempo na pré-história e proto-história do Velho Mundo (Afro-Eurásia), quando a ferramenta dominante de fabrico de material era o ferro. É normalmente precedida pela Idade do Bronze na Europa e Ásia e pela Idade da Pedra em África, com excepções. O ferro meteórico tem sido utilizado pelos seres humanos desde pelo menos 3200BC. A produção de ferro antigo não se generalizou até ao desenvolvimento da capacidade de cheirar minério de ferro, remover impurezas e regular a quantidade de carbono na liga. O início da Idade do Ferro propriamente dita é considerado por muitos como caindo entre cerca de 1200BC e 600BC, dependendo da região.

(3)   Idade do Bronze

A Idade do Bronze é um período histórico caracterizado pelo uso do bronze, da escrita de protótipos, e outras características iniciais da civilização urbana. A Idade do Bronze é o segundo período principal do sistema de três idades Stone-Bronze-Iron, como proposto em tempos de modem por Christian Jorgensen Thomsen, para classificar e estudar sociedades antigas.

(4)   Idade do Aço

A idade do aço é um período de 1780 -1845. Nesta era, o aço estava sob uma procura primária em infra-estruturas.

(5)   Idade Nuclear

A era nuclear a partir de 1954, depois da Segunda Guerra Mundial, até à data. É o presente mais poderoso para o mundo em termos de energia.

O viajante mundial como Marco Polio é um marco na história da humanidade no mundo das viagens. As viagens de Vasco da Gama a África e Índia, a descoberta do Novo Mundo por Colombo, e as corridas de ouro do modem que levaram à colonização da Califórnia, Alasca, África do Sul, Austrália, e o Klondike canadiano foram conseguidas com minerais que proporcionaram um grande incentivo (Rickard, 1932).

do Imperador Asoka sugerem o uso de aço muito fino para a sua execução durante o século IV a.c. Dos registos de viajantes e historiadores estrangeiros como Megasthenes (300 a.c.) Plínio (77 d.C.), Fa Hien (Século V), Huen Tsang (Século VII), Al Beruni (Século XI), Tavernier (1665-69) obtém-se informação sobre mineração e comércio de vários metais e pedras preciosas, utilização de aço e outras ligas na Índia nas várias épocas. A enorme estátua de cobre de 80 pés de altura do Senhor Buda que existiu até ao final do século V em frente da grande Universidade Nalanda (perto da actual Gaya, Bihar). Com 4,5 m de altura e 42 cm de diâmetro, o pilar de ferro ferrugento ao lado do Qutub Minar, perto de Deli, construído por volta do século IV d.C. pelos imperadores de Gupta como coluna de vitória, é uma maravilha da metalurgia, que tem resistido maravilhosamente a toda a acção meteorológica durante os últimos dezasseis séculos. Pode presumir-se que o uso em grande escala do carvão como combustível para o processo de fundição de minério de ferro era desconhecido ou muito pouco praticado em qualquer parte do mundo antes do século XVI. A madeira e o carvão vegetal eram universalmente utilizados para esse trabalho, mesmo para a metalurgia complexa e controlada. A procura de carvão aumentou com a crescente escassez de madeira (o preço da madeira para carvão vegetal era seis vezes superior ao do carvão em Inglaterra) no continente europeu e na Inglaterra. A Índia, nessa altura, não enfrentava tais problemas, mas é evidente a partir das ruínas de smruthi, fornos e escombreiras muito próximas das regiões carboníferas do leste da Índia, que o carvão estava a ser utilizado comercialmente durante o período muito anterior a essa data. Os utensílios metálicos indianos, ornamentos, pedras preciosas eram amplamente exportados através das rochas árabes e persas para além da tradicional seda, especiarias e marfim, e mais tarde através dos mares para a Europa Ocidental desde há 2000 anos atrás até ao século XVII d. C. Alguns historiadores e outros especialistas, no entanto, acreditam que as provas de ligas de cobre e aço acabadas de alta qualidade encontradas na Índia a partir do século XIV a.c., ao longo de todo o período muçulmano, comprovam os processos metalúrgicos empreendidos com a ajuda de carvão e coque, especialmente nas regiões do leste do país que suportam carvão.

Após o declínio das Mauryas Imperiais seguido dos Kushanas no Norte da Índia, o Império Gupta foi estabelecido por volta do início do século IV e durou até ao século VI. O período Gupt tem sido chamado pelos historiadores como a Idade de Ouro, em mais do que um sentido. Para além dos fabulosos avanços na vida literária e cultural, foram registadas a extracção de minérios ferrosos metálicos e pedras preciosas, o fabrico de aço e ligas e exportações de grande dimensão. A famosa imagem do cobre de Buda e do pilar de ferro em Deli foi também deste período. De cerca de 700 a 1200 d.C. houve uma desestabilização gradual e um declínio social geral no cultivo das ciências, excepto em alguns trabalhos excepcionalmente brilhantes, nos campos da matemática e da astronomia. Este período foi intercalado com a chegada da pilhagem e partida de hordas invasoras do Ocidente. Houve uma destruição em grande escala de universidades, mosteiros que foram também os depositários de todos os textos científicos. Os muçulmanos vieram em 1200 d.C. para ficar e depois os invasores foram inteiramente assimilados na Índia. O material documentado sobre mineração e metalurgia durante o domínio muçulmano é muito escasso e as histórias registadas não estão facilmente disponíveis. Mas não é difícil imaginar que a indústria mineira e metalúrgica e a extracção de pedra juntamente com outras câmaras fossem de uma ordem elevada. Alguns dos governantes de Deli como Shershah antes dos Mongóis imperiais eram muito competentes e mantinham um controlo regular da metalurgia mineira e das indústrias auxiliares. O ferro e as ligas de cobre eram material essencial para os exércitos. A construção de grandes edifícios e estruturas civis e a construção de estradas, que exigiam um apoio maciço da mineração de pedra e metais ferrosos, foram ocupadas em larga escala. Estava em funcionamento uma casa da moeda real. Mesmo os governantes dos diferentes estados independentes encorajaram as indústrias mineira e metalúrgica a combater as suas guerras locais e a fabricar os seus utensílios, ornamentos e artigos de fornecimento para a vida pródiga.

O período mughal (1520's a 1800's) atingiu o auge da glória no século XVII, a Grande Era, consolidou o subcontinente indiano e deu prosperidade. A maioria dos primeiros Mughals eram governantes altamente talentosos e, para além de serem patronos da arte e da cultura, quando não estavam a fazer guerra para subjugar os recalcitrantes rebeldes provinciais ou os pequenos estados independentes, também incentivavam o comércio da construção, metal e mineração. A terra e consequentemente, os minerais pertenciam aos chefes e proprietários locais que pagavam, a realeza e outras dívidas ao imperador, que era colectado pelos governadores ou *subédricos* das províncias subahs a história da mineração na Índia perde-se no limbo da antiguidade. A presença de antigas minas e montes de escória atestam que a indústria mineira floresceu em tempos antigos. A habilidade e a indústria dos antigos mineiros em ganhar ouro, extrair e fundir os minérios metálicos e em receber diamantes de depósitos de vários tipos, está bem estabelecida e é reconhecida. Contudo, só nas últimas décadas do século 19th é que as actividades de prospecção aumentaram de forma apreciável. Segundo G.S.Roonwal, K.Shahriar, e H.Ranjbar (2005), a indústria mineira da Índia tomou a forma de um modem. Actualmente, a Índia produz granito e mármore de uma forma enorme, em comparação com o período pré-independência. A Índia tem um excelente recurso de granito nos estados do Sul e uma excelente fonte de mármore na Índia Ocidental, ou seja, Gujarat e Rajasthan.

Consequentemente, a extracção de minério começou: Foram descobertos vários campos de carvão: e as famosas jazidas de ferro de Bihar (Jharkhand) e Orissa tornaram-se conhecidas como minas e líderes minerais. A mineração de cobre, chumbo, zinco, minérios de manganês, areia de praia e mica de ouro floresceu. Actualmente, a Índia produz 87 minerais: 4 combustíveis, 11 metais, 50 minerais não metálicos e 22 minerais menores que agregam cerca de 1500 milhões de toneladas de produção por ano. Na Índia, a actividade mineira é predominante em todo o país; contudo, a concentração de minas é mais elevada em algumas regiões. A elevada concentração, as áreas mineiras encontram-se principalmente em áreas remotas e tribais onde antes da exploração mineira, a agricultura era a única fonte de rendimento.

1.3 Indústria mineira: Cenário actual a nível global

Durante 2016, a indústria mineira tem o quadro verde do seu crescimento económico em todo o mundo. A sua cotação ascende a 50 milhões de dólares em todo o mundo. (Mina, 2016). O estudo de mercado realizado pela Pedersen and Partners durante o referido período, prevê-se que as perspectivas para 2017 nesta indústria estejam ainda muito sujeitas a alterações, dadas as actuais complexidades geopolíticas em países ricos em recursos como os Estados Unidos da América, África do Sul, Brasil, Venezuela, Vietnam.

Este inquérito também indica a seguinte observação no contexto da apresentação do cenário mundial na indústria mineira.

- Aumento do número de empresas com limites máximos de mercado, que em 2016 ultrapassaram os 50 milhões para os jovens jogadores, após vários anos de declínio dos limites máximos de mercado e de desrevistas para os juniores. Isto segue-se a vários anos em que se assistiu a um grande número de juniores com limites de mercado inferiores a 15 milhões.
- A perspectiva global parece ser de um optimismo cauteloso, com a maioria dos inquiridos a prever que 2017 será uma melhoria em relação a 2016, com apenas seis por cento a esperar uma maior contracção económica e 57 por cento a esperar ver crescimento no sector.

A percepção é que este é um momento auspicioso no ciclo do mercado para fazer aquisições, mas um momento difícil para assegurar o capital necessário. No entanto, assistimos recentemente a um aumento nas F&A, com 45% dos inquiridos a esperar que estas façam parte da sua estratégia de crescimento este ano, 35% a dizer que seria uma possibilidade se surgisse a oportunidade certa e apenas 19% a excluí-la.

- Garantir recursos, nacionalismo, escassez de competências, acesso a infra-estruturas e inflação de custos são as maiores preocupações a avançar em 2017.
- Os inquiridos receiam que o crescimento enfraquecido nos mercados emergentes cause pressão sobre os valores e margens das mercadorias, e resulte num menor acesso a novas fontes de financiamento. Contudo, muitos sentem que isto criará mais oportunidades para adquirir activos durante o ciclo de preços baixos.

Embora os requisitos regulamentares estejam a aumentar globalmente nos sectores da exploração e mineração, 54% destes inquiridos não esperam que isso afecte a sua estratégia operacional, enquanto 26% esperam, e 20% não têm a certeza.

- Apesar do facto de os limites de mercado e os preços das acções estarem em baixa em todos os sectores, 28% indicam que irão contratar novos funcionários, 5% indicam que irão trazer de volta pessoal que foi despedido, 50% irão manter os seus actuais níveis de pessoal, e apenas 15% sugerem que irão proceder a uma reestruturação.

- Muitas das empresas juniores com os limites de mercado mais baixos desaparecerão ou procurarão fusões a fim de aumentar o capital. Como resultado, o número de empresas cotadas no sector será grandemente reduzido durante o próximo ano, o que, por sua vez, deverá beneficiar algumas das maiores empresas juniores com projectos fortes e limites de mercado saudáveis.

No que diz respeito à sustentabilidade ambiental e mitigação dos riscos, a maioria dos inquiridos (42,9%) considerou o assunto mais bem tratado a nível da equipa executiva, enquanto que quase um terço (30,1%) designaria um comité especial do Conselho de Administração para tratar destas questões. Um quinto dos inquiridos (21,9%) preferiu contratar consultores externos para examinar estas questões.

- Quase dois terços dos executivos inquiridos (62,3%) vêem a continuação dos actuais programas de exploração como a melhor forma de aceder a novos depósitos durante o próximo ano, enquanto apenas 21,9% dependeriam de aquisições. 15,8% considerariam o reinício de projectos de exploração adormecidos, trazendo de volta à produção as minas que estão actualmente em tratamento e manutenção.

As estatísticas seguintes fornecem informações sobre a indústria mineira e pedreira da União Europeia (UE).

Quadro-1.2 Estatísticas da Indústria Mineira, 2017(UE) Fonte: EUROSTAT

	2013	2014	2015	2016	as of Q3 2017+
Gross Production Value In Mining					
Large Scale Metallic Mining (MGB)	P 98.2 Billion	P141.2 Billion	P 109.5 Billion	P 102.0 Billion	P 80.8 Billion
Small Scale Gold Mining (BSP)	1.1 Billion	1.0 Billion	0.8 Billion	0.7 Billion	0.6 Billion
Non-metallic Mining (MGB)	P 57.8 Billion	57.3 Billion	59.2 Billion	73.6 Billion	nya
TOTAL	P157.1 Billion	P 199.5 Billion	P169.5 Billion	P176.3 Billion	P 81.4 Billion
Total Mining Investment Data from the Revitalization Program under EO 270 (MGB)	$1,499.7 Million	$1,193.1 Million	$924.9 Million	nya	nya
Gross Value Added In Mining At Current Prices (PSA)	P 77.7 Billion	P 90.7 Billion	P 80.9 Billion	P 87.2 Billion	P 78.8 Billion
Mining Contribution To GDP	0.7%	0.7%	0.6%	0.6%	0.7%
Total Exports of Minerals & Mineral Products (BSP)	$3,412 Million	$4,035 Million	$2,853 Million	$2,317 Million	$1,975 Million
Mining Contribution To Total Exports	6.3%	6.5%	4.8%	4.1%	6.3%
Total Exports of Non-Met. Mineral Manufactures (BSP)	$204 Million	$327 Million	$177 Million	$154 Million	$72 Million
Mining Contribution To Total Exports	0.4%	0.5%	0.3%	0.3%	0.2%
Employment In Mining and Quarrying (DOLE)	250,000	235,000	236,000	219,000	179,000**
Mining Contribution To Total Employment	0.7%	0.6%	0.6%	0.5%	0.5%

+Preliminar; *A de Junho; **A de Outubro; ***A de Outubro; nya- ainda não disponível
Nota: O número de minas em funcionamento baseou-se nos relatórios de produção apresentados.
O valor da produção refere-se ao valor total ou à produção bruta de minerais extraídos durante o período abrangido pelo relatório, conforme definido no Capítulo XXIX, Secção 270 do DAO 2010-21 da Lei de Minas das Filipinas de 1995 (sob o termo "Produção Bruta"). Valor Acrescentado Bruto (VAB) - mede a

contribuição de um determinado sector para o PNB do país; calculado subtraindo o custo dos factores de produção à produção bruta de uma determinada indústria. O VAB total não inclui o petróleo bruto e o carvão.

O quadro-1.2 indica os dados sobre a indústria mineira da UE de 2013 a 2017 com referência ao valor bruto da produção mineira, investimento mineiro total, valor acrescentado bruto na mineração a preços correntes, exportações totais de minerais e produtos minerais, exportações totais de não metais e emprego na indústria mineira e pedreira da União Europeia. Observa-se que, em termos de emprego, a exportação de não metais. Met e do investimento total diminuíram em comparação com os cinco anos anteriores.

O seguinte quadro-1.3 indica a análise por país para a UE em termos de análise de minas e pedreiras.

Tabela-1.3 Análise de minas e pedreiras. (UE)

	Apparent labour productivity (EUR thousand per head)	Average personnel costs	Wage adjusted labour productivity	Gross operating rate (%)	Investment rate
EU-28	118.9	44.5	258.0	18.0	52.3
Belgium	100.3	60.9	164.6	13.6	51.6
Bulgaria	24.5	11.2	219.3	26.6	25.1
Czech Republic	37.2	19.9	186.8	18.4	24.4
Denmark	958.5	71.6	1 338.9	61.2	27.2
Germany	86.1	57.1	150.9	14.1	27.1
Estonia	43.8	20.9	209.1	24.7	30.0
Ireland	121.9	67.1	181.6	21.7	17.6
Greece	55.4	30.9	179.6	22.4	15.8
Spain	68.0	40.8	166.8	16.5	38.2
France	85.2	59.1	144.1	8.7	27.7
Croatia	86.4	22.2	390.0	25.6	19.6
Italy	119.0	66.0	180.2	2.9	45.5
Cyprus					
Latvia	24.0	11.1	216.0	19.3	32.4
Lithuania	32.8	12.8	256.5	23.5	31.6
Luxembourg	118.8	55.6	213.6	22.3	28.4
Hungary	39.8	17.4	229.1	22.2	25.8
Malta					
Netherlands	818.4	89.8	911.1	20.1	21.0
Austria	185.5	65.5	283.4	31.6	40.0
Poland	44.7	24.4	183.5	27.1	27.7
Portugal	44.3	21.9	202.2	23.1	35.6
Romania	71.5	18.5	385.6	40.2	56.7
Slovenia	45.1	35.0	128.9	9.4	28.9
Slovakia	45.2	17.3	261.8	38.3	9.3
Finland	23.9	46.4	51.5	-7.1	120.1
Sweden	164.1	74.0	221.7	24.9	81.2
United Kingdom	300.2	110.9	270.6	24.5	96.8
Norway	912.5	139.2	655.3	36.0	32.1
Switzerland	155.8			17.9	23.2

(:) não disponível
Fonte Eurostat (código de dados em linha: sbs_na_sca_r2)

Com campos de petróleo e gás ao largo da sua costa oriental, não surpreende que o Reino Unido tenha registado a maior quota (30,8%) do valor acrescentado da UE-28 no sector das minas e pedreiras em 2014. Os Países Baixos e a Dinamarca, assim como a Alemanha e a Polónia, foram também produtores relativamente importantes dentro da UE em termos de valor acrescentado. A mão-de-obra polaca das minas e pedreiras de 164,0 mil pessoas era equivalente a mais de um quarto (28,9%) do total da UE-28 e foi seguida pelo Reino Unido (11,7%) e Alemanha (10,7%). Os cinco maiores Estados-Membros do sector mineiro e pedreiro representavam uma percentagem do valor acrescentado e do emprego na UE-28 superior à típica da economia empresarial não financeira como um todo, sublinhando a concentração geográfica e a especialização que existe neste sector. A importância relativa do sector mineiro e pedreiras nos Estados-Membros da UE tendeu a ser maior entre esses países, especializados na extracção de combustíveis fósseis: estes números estavam estreitamente ligados à distribuição geológica dos depósitos de combustíveis fósseis que eram escassos ou inexistentes em muitos dos Estados-Membros. A Bulgária registou a proporção mais elevada na extracção de carvão e lignite, enquanto a Dinamarca foi o país mais especializado na extracção de petróleo bruto e gás natural.

Assim, a indústria mineira a nível global tem oportunidades de crescimento, mas requer o processo de reestruturação através da aplicação de alta tecnologia e ideias inovadoras.

1.4 Indústria mineira: Cenário actual na Índia A indústria mineira indiana está a atravessar o seu período de reestruturação após a globalização. Tem desafiado e tido problemas em todas as áreas de gestão. O Governo da Índia está a fazer grandes esforços para sustentar este sector, uma vez que alguns dos estados indianos são ricos em termos de minerais escondidos como; Andhra Pradesh, Karnataka, e outros. A indústria do mármore também tem uma situação vantajosa para o estado de Rajasthan, na Índia Ocidental. Os responsáveis políticos, os adoptantes de políticas, e os seguidores de políticas deveriam ter um canal para se depararem com as questões com a máxima prioridade. O fenómeno da parceria público-privada pode revelar-se como um excelente instrumento para o desenvolvimento sustentável desta indústria. Alguns dos factos são retirados do Relatório Anual (2016-17) do Ministério das Minas da seguinte forma para lidar com as questões relacionadas com esta indústria.

1.4.1 Contribuição do PIB

O Valor Acrescentado Bruto (VAB) acumulado do sector mineiro e pedreiro a preços de 2011-12 para os primeiros trimestres de 2016-17 é estimado em 86.091 crores indicando uma diminuição de cerca de 0,4% em relação ao mesmo período do ano anterior. Da mesma forma, as estimativas antecipadas do VAB (a preços correntes) para o primeiro trimestre do ano 2016-17 são estimadas em 97.614 crores. A contribuição do sector mineiro e pedreiro para o VAB representou cerca de 3,0 % para o primeiro trimestre do ano 2016-17.

O Governo da Índia também enquadrou o sistema de classificação de estrelas como uma iniciativa de boa governação para fins de Desenvolvimento Sustentável. O quadro é assim chamado como SDF (Sustainable Development Framework). Outro movimento tecnológico teve lugar como parte da reestruturação da indústria mineira no rótulo do TAMRA (Transparência, Monitorização de Leilões, e Aumento de Recursos), a aplicação móvel para monitorização do progresso na limpeza dos arrendamentos mineiros pós-lançamento.

O PIB da contribuição da indústria mineira e pedreira da Índia é discutido da seguinte forma. *(Fonte: Relatório Anual, 2016, Ministério das Minas)*

O Valor Acrescentado Bruto (VAB) acumulado do sector mineiro e pedreiro a preços de 2011-12 para o primeiro trimestre de 2016-17 é estimado em 86.091 crores indicando uma diminuição de cerca de 0,4% em relação ao mesmo período do ano anterior. Da mesma forma, as estimativas antecipadas do VAB (a preços correntes) para o primeiro trimestre do ano 2016-17 são estimadas em 97.614 crores. A contribuição do sector mineiro e pedreiro para o VAB representou cerca de 3,0 % para o primeiro trimestre do ano 2016-17.

A indústria mineira indiana é caracterizada por um grande número de pequenos operadores de minas. O número de minas que reportaram produção mineral (excluindo minerais menores, petróleo (crude), gás natural e minerais atómicos) na Índia foi de 1,899 em 2016-17 contra 2,100 no ano anterior. Das 1.899 minas declaradas, 231 localizavam-se em Madhya Pradesh, seguidas de Tamil Nadu (208), Jharkhand (203), Gujarat (178), Odisha (150), Chhattisgarh (143), Karnataka (137), Maharashtra (133), Andhra

Pradesh (106), West Bengala (100), Telangana (82), Goa (80) e Rajasthan (79). Estes 13 Estados em conjunto representavam 96% do número total de minas no país em 2006-17.

Em termos de reformas recentes e agenda de crescimento na indústria mineira, a Índia pode liderar, identificando factores de crescimento como, Make in India, infra-estruturas, e automóvel e exploração.

1.4.2 Estrutura do Sector Mineral e Mineiro na Índia

O sector mineiro, sendo um dos sectores centrais da economia, fornece matérias-primas básicas a muitas indústrias importantes como a produção de energia (térmica), ferro e aço, cimento, petróleo e gás natural, petroquímica, fertilizantes, metais/pedras preciosos e semi-preciosos, equipamento eléctrico e electrónico, vidro e cerâmica, etc. Haverá uma enorme procura de minerais, tendo em conta a rápida urbanização e o crescimento previsto do sector transformador na Índia. A Índia ocupa uma posição dominante na produção de muitos minerais em todo o mundo. A Índia tem uma área geográfica total de cerca de 328 milhões de hectares. Desta área, o arrendamento mineiro (excepto combustíveis, atómicos e minerais menores) a partir de 31.3.2014, constitui cerca de 0,14 por cento. A Índia é rica em minerais onshore e offshore, nomeadamente petróleo bruto e gás, carvão, minério de ferro, cobre, bauxite, etc. de todas as variedades de categorias de uso da terra, dominam as terras comuns que consistem em terras florestais, terras de pastagem, e as actuais terras de pousio e resíduos culturais.

Durante a última década, a Índia testemunhou um crescimento consistentemente elevado acima dos 6% que se deve principalmente à rápida urbanização que aumentou a procura de infra-estruturas e bens de consumo. Esta procura levou a mais do que duplicar a produção de aço bruto de 32,6 milhões de toneladas (MT) em 2004 para 81 MT1 em 2013 e a procura de metais e minerais em geral.

A Índia, sendo o sétimo maior país do mundo, está bem dotada de vários recursos minerais. O governo da Índia aprovou recentemente alterações à Lei de Minas e Minerais (Desenvolvimento e Regulação), 1957 (MMDR) e notificou regras que ajudariam a ultrapassar muitos desafios associados ao sector mineiro e de exploração mineral, tais como exploração e exploração de baixo nível, implantação de baixa tecnologia, áreas de concessão fragmentadas e pequenas, etc. A Índia está prestes a testemunhar grandes saltos de crescimento no sector mineiro e mineiro com a adopção de concessões transparentes e não discricionárias de concessões minerais através de um processo de leilão.

O Ministério das Minas (MoM), Governo da Índia é responsável por todo o sector mineiro e mineiro no país, o que inclui legislação, administração, formulação de políticas, etc., em relação a todas as minas e minerais que não o carvão, gás natural e petróleo, mas incluindo os minerais offshore. Na Índia, os minerais são classificados como minerais menores e não menores (i.e. minerais maiores). A política e legislação relativa aos minerais menores é inteiramente delegada aos governos estatais, enquanto que a política e legislação relativa aos minerais maiores são tratadas pelo MdM. Toda a legislação sobre minerais no país está em conformidade com as disposições da Lei MMDR, 1957. O MdM através do seu gabinete anexo, Geological Survey of India (GSI) facilita a exploração, mapeamento geológico e avaliação dos recursos minerais no país. Indian Bureau of Mines (IBM), um escritório subordinado do MdM é principalmente responsável pela regulamentação da exploração mineira no país. O Ministério também administra a Lei de Desenvolvimento e Regulamentação de Áreas Offshore Mineral (Offshore Areas Mineral (Development and Regulation) Act, 2002) e as regras aí estabelecidas. As concessões minerais na Índia são concedidas apenas a cidadãos indianos ou entidades constituídas na Índia. Todo o sector está organizado da seguinte forma: -

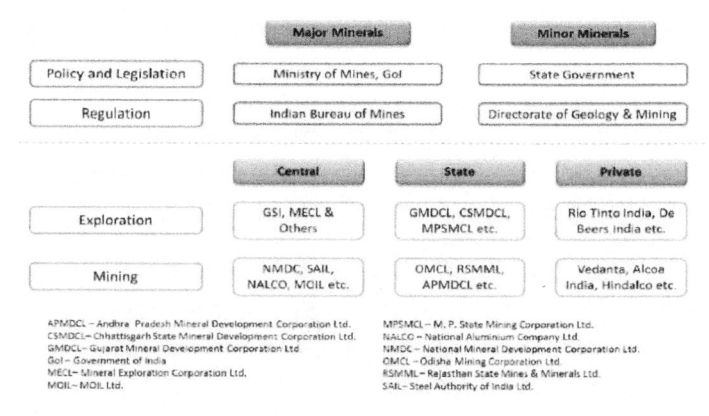

	Major Minerals		Minor Minerals
Policy and Legislation	Ministry of Mines, GoI		State Government
Regulation	Indian Bureau of Mines		Directorate of Geology & Mining
	Central	State	Private
Exploration	GSI, MECL & Others	GMDCL, CSMDCL, MPSMCL etc.	Rio Tinto India, De Beers India etc.
Mining	NMDC, SAIL, NALCO, MOIL etc.	OMCL, RSMML, APMDCL etc.	Vedanta, Alcoa India, Hindalco etc.

APMDCL – Andhra Pradesh Mineral Development Corporation Ltd.
CSMDCL – Chhattisgarh State Mineral Development Corporation Ltd.
GMDCL – Gujarat Mineral Development Corporation Ltd.
GoI – Government of India
MECL – Mineral Exploration Corporation Ltd.
MOIL – MOIL Ltd.
MPSMCL – M. P. State Mining Corporation Ltd.
NALCO – National Aluminium Company Ltd.
NMDC – National Mineral Development Corporation Ltd.
OMCL – Odisha Mining Corporation Ltd.
RSMML – Rajasthan State Mines & Minerals Ltd.
SAIL – Steel Authority of India Ltd.

Figura-1.1 Sector Mineral na Índia fonte: e-book do sector mineral (Ministério das Minas, Governo da Índia, 08 de Fevereiro de 2016)

1.4.3 Exploração na Índia

A Índia é um país rico em minerais e tem um meio geológico favorável que ainda não foi totalmente explorado, avaliado e explorado. A sua configuração geológica é semelhante em muitos aspectos à de países ricos em recursos - como o Canadá, Austrália, Brasil, África do Sul, Chile e México, etc. As actividades de exploração na Índia são na sua maioria realizadas por GSI, MECL, várias DGMs estatais, empresas do sector público (PSU) e entidades do sector privado tanto a nível nacional como filiais de muitas empresas globais.

GSI, criada em 1851, é a principal agência de cartografia geológica e avaliação de recursos minerais regionais na Índia. A Índia tem uma área total de 3,2875 milhões de km2 distribuída por 5.065 toposheets e uma área de 3,146 milhões de km2 é mapeável e o GSI cobriu 3,09611 milhões de km2 (98,41%) em escalas de 1:50.000, até 31 de Março de 2013.O GSI identificou 0,571 milhões de km2 como área de Potencial Geológico Óbvio (OGP) para minerais. Uma grande parte desta área OGP ainda não foi totalmente explorada.

A maioria das actividades de exploração no país são do tipo convencional com entrada restrita de geoquímica, geofísica e teledetecção. Os achados até agora, estão localizados perto da superfície (na sua maioria até uma profundidade vertical de 100m). Portanto, com o rápido esgotamento de corpos de minério de fácil acesso e pouco profundos ou próximos da superfície e a diminuição da taxa de localização de novos depósitos minerais em profundidades pouco profundas, os desafios residem na identificação de novas áreas para a localização de depósitos próximos da superfície e de corpos de minério "escondidos" e "ocultos" através de modem e de sofisticados métodos/técnicas de exploração com base em estudos conceptuais.

A Índia tem mais de 7.500 km de costa e as águas territoriais cobrem mais de 0,15 milhões de km2. Os recursos de fundos marinhos destas áreas e a Zona Económica Exclusiva (ZEE), cobrindo cerca de 1,87 milhões de km2, também vieram à luz nos últimos anos. Se a plataforma continental legal for tida em conta, a área total offshore tornar-se-ia de cerca de 3,09 milhões de km2. Isto pode também exigir a exploração de recursos.

Na área offshore, a Divisão de Investigação Marinha e Costeira do GSI e o Instituto Nacional de Oceanografia são os principais institutos que estão a levar a cabo a exploração offshore preliminar de minerais económicos. As explorações foram realizadas principalmente para minerais económicos pesados (HM), areia de construção, nódulos/areia fosfatados, lama de cal e nódulos polimetálicos.

Para impulsionar a exploração mineral no país, o GSI iniciou o Programa Nacional de Mapeamento Geoquímico (NGCM) em 2001. As amostras de sedimentos são recolhidas numa grelha de 1 km 1 km e analisadas para 68 elementos e os valores geoquímicos resultantes são traçados num mapa de base à escala 1:50.000. O GSI também iniciou o Programa Nacional de Mapeamento Geofísico (NGPM) para gerar mapas básicos e derivados da Anomalia de Bouguer e do Campo de Referência Geomagnético Internacional (IGRF) mapas magnéticos de campo total corrigidos do país à escala 1:50.000 a uma densidade de observação de uma estação por 2.50 km2. As iniciativas GSI também incluem o Programa Nacional de Mapeamento Geomorfológico e Linear, Mapeamento Hiperespectral, Levantamento Aéreo, Levantamento Heli-borne Survey, Levantamento Aeromagnético, Estudos Polares e Levantamentos Marinhos e Costeiros.

Além de iniciar o NGCM e NGPM, a GSI também iniciou o Levantamento Aeromagnético Nacional para as áreas OGP e espera-se que o conclua para todo o país até ao final de 2020. O GSI tem estado associado ao Programa Antárctico Indiano desde o início e os seus cientistas participam regularmente nas expedições da Antárctida. A Divisão de Estudos Polares do GSI realiza cartografia geológica regional, cartografia temática e estudos glaciológicos na Antárctida. A Divisão de Sensoriamento Remoto e Levantamentos Aéreos (RSAS) do GSI está envolvida em levantamentos aéreos multi-sensor desde 1965. A Divisão de Levantamentos Marinhos e Costeiros do GSI, além de estudar a geomorfologia do fundo marinho, está envolvida na recolha de dados batimétricos, magnéticos, sísmicos e de distribuição de sedimentos dentro da Água Territorial e da Zona Económica Exclusiva da Índia.

1.4.4 Produto Interno Bruto do Sector Mineiro e Extractivo

O VAB acumulado do sector mineiro e pedreiras a preços correntes para 2014-15 foi provisoriamente estimado em 2,75,812 rupias. A contribuição do sector mineiro e das pedreiras (a preços correntes) no total do VAB foi de 2,39% durante 2014-15. A contribuição das minas e pedreiras (a preços correntes) no total do VAB durante 2011-12 a 2014-15 é dada abaixo:-

Tabela:1.4 Contribuição das Minas e Pedreiras (a preços correntes) no VAB total

(In Rs. crore)

S. N.	Parameter	2011-12(NS)	2012-13(NS)	2013-14(NS)	2014-15(PE)
1	GVA (All Sector)	81,95,546	92,52,051	1,04,77,140	11550240
2	GVA (Mining & Quarrying*)	262813	284771	298544	275812
3	% Share of Mining & Quarrying in GVA	3.21	3.08	2.85	2.39

(NS): New Series, (PE): Provisional Estimate; Source:* CSO. (GVA): Gross Value Added

Classificação de Minerais na Índia

Segundo o primeiro calendário da Lei MMDR, 1957minerals são classificados como abaixo na Índia.
Minerais Maiores
Figura-1.2 Classificação de Minerais
Existem dois tipos de minerais. (1) Maior (2) Menor. Os principais tipos de minerais são classificados

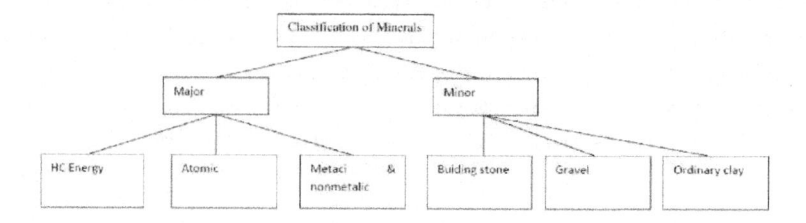

```
                    Classification of Minerals
                    /                        \
                 Major                       Minor
         /    |          \             /    |          \
   HC Energy Atomic  Metacl &    Building stone  Gravel  Ordinary clay
                    nonmetalic
```

em três grupos e são: Hidrocarbonetos Energia, minerais, minerais atómicos e minerais metálicos e não metálicos. Os grupos menores são também reclassificados como pedra de construção, cascalho e argila comum. A exploração mineira é também classificada da seguinte forma.

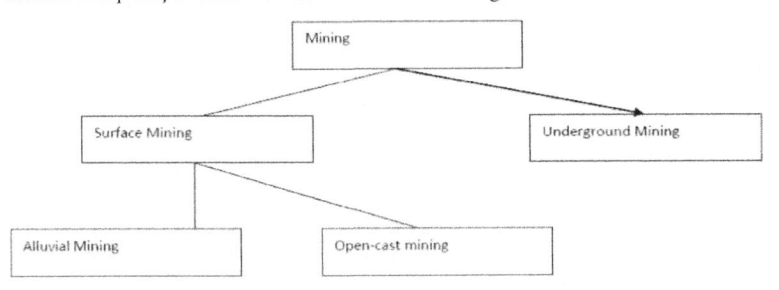

```
                        ┌─────────────┐
                        │   Mining    │
                        └──────┬──────┘
              ┌────────────────┴────────────────┐
    ┌─────────┴─────────┐              ┌────────┴──────────┐
    │  Surface Mining   │              │ Underground Mining│
    └─────────┬─────────┘              └───────────────────┘
       ┌─────┴──────┐
┌──────┴──────┐  ┌──┴──────────────┐
│Alluvial Mining│  │ Open-cast mining│
└──────────────┘  └─────────────────┘
```

Figura-1.3 Classificação da exploração mineira
Mineração classificada em dois grupos, a saber: mineração de superfície e mineração subterrânea. A mineração de superfície é também classificada em mais dois subgrupos como; mineração aluvial e mineração a céu aberto.

1.4.5 Política Mineral Nacional 2008

A Política Mineral Nacional (NMP) foi notificada em 2008. Recomenda medidas como o direito garantido à próxima fase de concessão mineral, transferibilidade das concessões minerais e transparência na atribuição de concessões, a fim de reduzir atrasos que são vistos como impedimentos ao investimento e fluxos tecnológicos no sector mineiro na Índia. A Política Mineral procura também desenvolver um Quadro de Desenvolvimento Sustentável para uma utilização óptima dos recursos minerais naturais do país para o crescimento industrial no país e, ao mesmo tempo, melhorar a vida das pessoas que vivem nas áreas mineiras, que se encontram geralmente nas regiões atrasadas e tribais do país. Outras características da Política Mineral Nacional, 2008, entre outras, são:-

(a) A NMP reconhece que os minerais são recursos naturais valiosos sendo a matéria-prima vital para infra-estruturas, bens de capital e indústrias de base, pelo que o desenvolvimento da extracção e gestão de minerais tem de ser integrado na estratégia global de desenvolvimento económico do país.

(b) A exploração de minerais tem de ser orientada por objectivos e perspectivas nacionais a longo prazo, dinâmicas e reactivas às mudanças do cenário económico global.

(c) O NMP também reconhece que o país é abençoado com amplos recursos de uma série de minerais e tem o ambiente geológico para muitos outros, sendo uma parte da antiga terra Gondwana que compreendia partes da Austrália, África e América Latina.

(d) O NMP estabelece que a estratégia orientadora para o desenvolvimento de qualquer mineral deve naturalmente manter em vista a sua utilização final em termos de procura e oferta a curto, médio e longo prazo e isto seria orientado para o mercado. Contudo, a abordagem desagregada em relação a cada mineral deve ser adoptada e deve ser desenvolvida uma estratégia específica para o mineral para maximizar os ganhos da vantagem comparativa de que o país goza, sendo o desenvolvimento mineral priorizado em termos de substituição de importações, adição de valor e exportação, por essa ordem.

(e) A conservação de minerais deve ser interpretada não no sentido restritivo de abstinência do consumo ou preservação para utilização num futuro distante, mas como um conceito positivo que leva ao aumento da base de reserva através da melhoria dos métodos de extracção, beneficiação e utilização de minérios de baixo grau e das rejeições e recuperação dos minerais associados. As seguintes áreas de enfoque são importantes na Política Mineral Nacional. A Política declara que o Governo Central, em consulta com os Governos Estaduais, formulará as medidas legais necessárias para lhe dar efeito, a fim de assegurar a uniformidade básica da administração mineral em todo o país, para assegurar que o desenvolvimento dos recursos minerais acompanhe o ritmo, e esteja em consonância com os objectivos nacionais. Algumas das áreas importantes de enfoque na Política Mineral Nacional 2008 são:-

(i) A introdução de uma maior liberalização e envolvimento do sector privado, e o alargamento do âmbito do quadro regulamentar do Governo no sector mineiro, deslocando o foco das áreas convencionais de gestão dos sistemas de concessão mineral para novas áreas de regulamentação holística do sector mineral, através da abordagem de questões de simplificação, transparência e melhores práticas sectoriais, a fim de atrair capital e tecnologia do sector a partir de novas fontes.

(ii) Desenvolver parcerias com as partes interessadas, incluindo os Governos Estaduais, as indústrias de base mineral e de minerais e vários Ministérios/Departamentos do Governo Central interessados, para o desenvolvimento e conservação dos recursos minerais e formulação da estratégia para garantir a segurança das matérias-primas. A política procura igualmente aprofundar o âmbito do quadro de desenvolvimento, mandatando uma melhor gestão dos recursos, reforçando o impulso à Investigação e Desenvolvimento, bem como o desenvolvimento dos Recursos Humanos no sector.

(iii) Assegurar que os interesses das populações de acolhimento e de outras secções vulneráveis sejam plenamente protegidos e que o benefício da actividade económica no sector mineiro flua de forma equitativa para os interessados.

NMP, 2008 também aprofundou o âmbito do quadro de desenvolvimento, mandatando uma melhor gestão dos recursos e melhorando a Investigação e Desenvolvimento e os Recursos Humanos no sector para assegurar que os interesses das populações de acolhimento e de outras secções vulneráveis sejam plenamente protegidos e que os interesses das partes interessadas sejam desenvolvidos, e o benefício da actividade económica no sector mineiro flua de forma equitativa para as partes interessadas

O Governo da Índia permite 100% de Investimento Directo Estrangeiro (IDE) na exploração, mineração, processamento mineral e metalurgia através da rota automática, através da participação no capital de uma empresa constituída na Índia, para todos os minerais não-combustíveis e não-autómicos, incluindo diamantes e pedras preciosas. A exploração mineira e a separação mineral de minerais e minérios que contenham titânio, a sua adição de valor e as suas actividades integradas enquadram-se na rota governamental de investimento directo estrangeiro até 100%. O IDE na extracção de carvão é permitido apenas para consumo cativo.

1.4.6 Lei de Alteração de Minas e Minerais (Desenvolvimento e Regulação), 2015

A MMDR Act, 1957 foi alterada através da MMDR Amendment Act, 2015 que entrou em vigor em 12 de Janeiro de 2015, introduziu o regime de concessão transparente e não discricionária de concessões minerais. As principais características da Lei de Emenda são:-

(a)   Eliminação da discrição; leilão para ser o único método de atribuição

Todas as concessões minerais são concedidas pelos respectivos Governos Estaduais. Continuarão a fazê-lo, mas todas as concessões de concessões minerais serão feitas através de leilões, trazendo assim uma maior transparência e uma maior discrição. Ao contrário da lei de 1957, não haveria renovação de qualquer concessão mineira. A duração da concessão mineira foi aumentada dos actuais 30 anos para 50 anos. Posteriormente, o arrendamento mineiro seria posto em leilão (e não para renovação como no sistema anterior).

(b)   Impulso ao sector mineiro

Os arrendamentos mineiros serão agora concedidos por um período de 50 anos. O referido acto aborda a questão da segunda e subsequentes renovações ainda pendentes, levando ao encerramento de um grande número de minas. A referida lei de alteração prevê que os Contratos de Locação Mineira serão considerados prorrogados a partir da data da sua última renovação até 31 de Março de 2030 (nos mineiros cativos) e até 31st de Março de 2020 (para os mineiros mercantes) ou até à conclusão da renovação já concedida, se houver, o que for mais tarde. Espera-se que isto permita imediatamente que tais minas encerradas iniciem as suas operações.

(c)   Salvaguardar o interesse das pessoas afectadas

A Fundação Distrital de Minerais deverá ser criada em cada distrito com recursos minerais para o desenvolvimento local. Isto destina-se a resolver o problema de longa data da sociedade civil com as pessoas afectadas pela exploração mineira que não são cuidadas. Existe uma disposição separada para uma contribuição para o DMF que não exceda 1/3 da taxa de royalties nos respectivos minerais.

(d) Encorajar a exploração e o investimento
A indústria mineira indiana não tem visto o tipo e extensão da exploração como em outros países. Para resolver este problema, a lei propõe a criação de um Fundo Nacional de Exploração Mineral criado a partir da contribuição dos arrendatários mineiros. Isto permitiria ao Governo dispor de um fundo dedicado à exploração mineira. Além disso, a disposição relativa à transferibilidade (no que respeita aos arrendamentos mineiros a serem concedidos através de leilão) permitiria um maior fluxo de investimento no sector e um aumento da eficiência na exploração mineira. As Licenças de Reconhecimento serão doravante concedidas numa base de não exclusividade.

(e) Simplificação dos procedimentos e supressão dos atrasos
Em relação aos dez minerais da Parte C da Primeira Lista da Lei MMDR de 1957, o Governo do Estado precisava de obter a aprovação prévia do Governo Central antes da concessão da concessão mineral. A alteração elimina a necessidade de tal "aprovação prévia" do Governo Central, tornando assim o processo mais rápido e mais simples. Da mesma forma, a aprovação do plano mineiro pelo Governo deixaria de ser obrigatória, uma vez que foi acrescentada uma disposição que permite aos Governos Estaduais conceberem um sistema para a apresentação de um plano mineiro que obvie à necessidade de aprovação pelo Governo. A referida lei também prevê que a posse de qualquer arrendamento mineiro seria agora de 50 anos, cerca de 30 anos na lei existente. Além disso, o governo central foi dotado de poderes para intervir nos casos em que os governos estaduais não aprovem ordens dentro dos prazos prescritos.

(1) Disposições mais rigorosas para o controlo da exploração mineira ilegal
A fim de controlar a exploração mineira ilegal, as disposições penais foram tornadas mais rigorosas. Foram previstas penas e penas de prisão mais elevadas na lei de alteração. Além disso, foi prevista a constituição de tribunais especiais pelo governo do estado para o julgamento rápido de causas relacionadas com a exploração mineira ilegal.

(g) Notificação sobre Minerais Minorais
No exercício dos poderes previstos na secção 3 (e) da Lei MMDR, 1957, o Ministério notifica os "minerais menores". Recentemente, o Ministério (em 10.02.2015) notificou 31 minerais como "minerais menores". A notificação foi publicada na Gazette of India vide S.O. 423(E) datada de 10.2.2015. O número total de minerais notificados como "minerais menores" até à data é de 55, cujos regulamentos e jurisdição administrativa são da competência dos Governos Estaduais. Estes incluem o poder de enquadrar regras, prescrever a taxa de royalties, a contribuição para o DMF, o procedimento para a concessão de concessões minerais, etc.

(h) Novas regras/directrizes/modelo de formato

O governo da Índia está a simplificar e actualizar a legislação relativa ao sector mineral e mineiro na Índia que inclui as alterações necessárias à MCR, 1960 e MCDR, 1988. Como parte desta iniciativa, o Governo Central notificou as seguintes regras para a implementação das disposições da MMDR Amendment Act, 2015.

1.5   Indústria mineira: Cenário actual em Gujarat

Figura -1.4 Mapa mineral de Gujarat

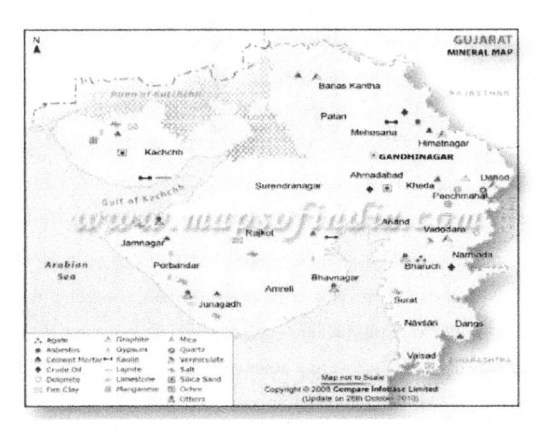

Gujarat é um dos estados mais favorecidos para a realização de negócios em toda a Índia e no estrangeiro. O Estado criou o ambiente favorável aos negócios e a disponibilidade de infra-estruturas durante as últimas duas décadas. O Produto Interno do Estado de Gujarat (SGDP) aumentou a uma taxa média de crescimento anual de aproximadamente 9% desde 2011-12 (análise socioeconómica, 2016-17, Gujarat).

O sector industrial em Gujarat está na vanguarda deste crescimento, contribuindo com cerca de 31% para o Produto Interno Bruto do Estado (PIB). O sector cresceu a uma CAGR de 14% do AF de 2011-12 ao AF de 2015-16. Com o aumento da procura e da população, há uma necessidade de um salto quântico no sector. Recentemente, a Política Industrial de Gujarat 2015 foi formulada para dar o impulso necessário ao sector, facilitando os investimentos através de parcerias estratégicas, promovendo a adição de valor para o desenvolvimento de toda a cadeia de valor, encorajando o desenvolvimento sustentável e aumentando as competências para o emprego.

A exploração mineira é o processo primário na cadeia de valor da indústria transformadora; por conseguinte, a exploração mineira e o sector mineral do Estado têm de estar em conformidade com as estratégias que a política industrial do Estado transmite.

O seguinte quadro-1.5 indica a contribuição das minas para o SGDP (Produto Interno Bruto do Estado) no contexto de Gujarat.

Figura 1.5 Contribuição Mineira no SGDP, Gujarat
: Análise Socioeconómica-2016-17, Gujarat

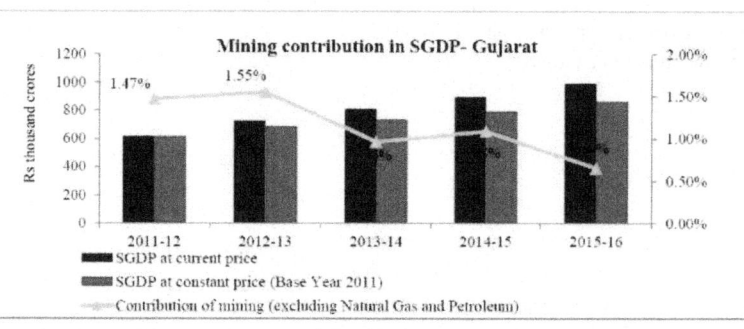

Source

O Quadro-1.5 seguinte indica a contribuição da exploração mineira para o SGDP Gujarat, que é baixa em comparação com os outros estados com um perfil mineral semelhante no país. Assim, é necessário concentrar-se no desenvolvimento de políticas para facilitar os investimentos no sector mineiro, estabelecendo recursos potenciais através da exploração e do desenvolvimento de indústrias de valor acrescentado no Estado. O Governo está empenhado em assegurar o desenvolvimento do sector mineiro de uma forma sustentável e integrada para facilitar o emprego nas áreas remotas do Estado e também para o crescimento das Micro, Pequenas e Médias Empresas (MPMEs).

Figura-1.6 Contribuição Mineira nos Principais Estados mineiros do SGDP-(2015-16)

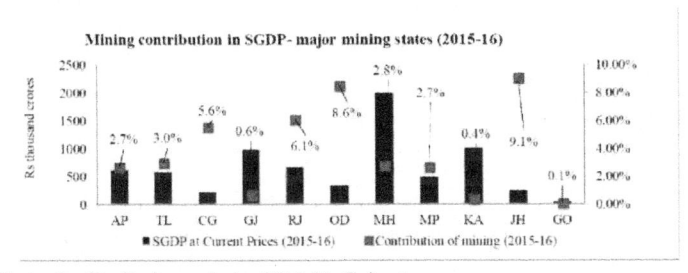

Fonte: Revista Socioeconómica-2016-17, Gujarat

A indústria do mármore doméstico da Índia é dominada pelo estado de Rajasthan. As resinas do Rajasthan líder é a presença de mármore bruto comercialmente viável em grandes quantidades e políticas conducentes do governo do Estado para promover o sector da pedra, o Rajasthan emergiu como líder tanto na produção como na transformação do mármore. Gujarat é o segundo maior estado produtor de Mármore em bruto e processado.

Os recursos totais de todos os graus de mármore no país são de 1931 milhões de toneladas (Sistema UNFC a partir de 1.04.2010). Apenas 14%, ou seja, 276 milhões de toneladas estão incluídos na categoria de reservas. De acordo com o actual estado de exploração, 64% dos recursos totais estão presentes no Rajastão e 21% em Jammu & Caxemira. Os restantes recursos são distribuídos em Gujarat, Chhattisgarh, Maharashtra, Haryana, Uttarakhand, Sikkim e Madhya Pradesh, por ordem decrescente. Entre os estados acima referidos, os depósitos de mármore de importância económica estão localizados em Rajasthan, Haryana, Gujarat e Madhya Pradesh (Anuário Mineral Indiano 2015, IBM). Gujarat tem uma Área de Mármore não explorada (Cartografia Geológica à escala de 1:1000, 1:2000 e 1:4000 e 1:8000) de ~ 2,7 km2 com um recurso potencial de cerca de 105 milhões de toneladas. A maioria destas reservas está localizada no distrito de Banaskantha e Vadodara. Outros depósitos no distrito de Banaskantha estão localizados em Jarivav, Kumbharia, Kateswar, Bheroj e Khikla e no entanto; a maioria destas reservas estão sob área florestal (incluindo o Santuário de Vida Selvagem de Balaram-Ambaji) notificada ao abrigo da Secção 4 e da Secção 20 da Lei da Floresta Indiana. O Ministério do Ambiente e Florestas (MoEF) concedeu aprovação em 1997 ao abrigo da Secção 2 da Lei Florestal Indiana, 1980, para o desvio de 190 Hectare de terras florestais para mineração de mármore para a Pedreira e Associação de Fábricas de Mármore de Ambaji em relação a 44 arrendamentos que operam em Ambaji no distrito de Banaskantha. Estes arrendamentos produziram 0,85 milhões de toneladas de Mármore em 2015-16. Para além da área de 190 Hectare, a maioria das outras Áreas de Mármore no distrito de Banaskantha ocorrem na área florestal. Gujarat tem uma dupla realeza com royalties sobre blocos de mármore e escombros de mármore em INR 230 e INR 90 por tonelada, respectivamente. Os tampões de mármore são blocos irregulares de mármore que são processados para serem utilizados nas indústrias de azulejos. Contudo, o preço de venda dos tampões de mármore é inferior ao dos blocos de mármore utilizados na indústria da construção e superior ao dos escombros de mármore. Sob o actual regime de royalties do Estado, os produtores têm de pagar a royalty aplicável aos blocos de mármore, ou seja, 230 INR por tonelada em tampões de mármore. No Rajasthan, a taxa de royalties sobre blocos irregulares processados pelo cortador de uma única roda e cujo diâmetro não ultrapassa 60 cm é de 130 INR por tonelada. Por conseguinte, as indústrias de tampões de mármore do estado têm uma desvantagem comercial sobre os seus pares no estado vizinho de Rajasthan Kandla e os portos de Mundra são importantes portos de exportação e importação de mármore no país. O porto de Kandla representa mais de 45% do valor total das exportações de mármore do país. Além disso, os portos constituem mais de 50% do valor total das importações de mármore bruto. O Departamento do Comércio, Ministério do Comércio e Indústria, Governo a 18 de Setembro de 2016 notificou a nova política de importação de Blocos de Mármore e Travertino, e Placas de Mármore e Granito. De acordo com esta política, a Restrição Quantitativa aos Blocos de Mármore e Travertino e o sistema restritivo de licenças de importação foram removidos pelo Governo. Além disso, o Preço Mínimo de Importação (PMI) para a importação de Blocos de Mármore e Placas de Mármore foi reduzido para 200 USD por tonelada métrica e 40 USD por metro quadrado, respectivamente. Com a vantagem da localização, estas iniciativas políticas proporcionam uma oportunidade para desenvolver os processos O sector do Mármore em Gujarat com base no Mármore bruto importado.

Gujarat é próspero em termos de recursos naturais nas minas e minerais. O quadro seguinte - 1.7.

Tabela-1.5 Destaques sobre os produtos do Distrito de Gujarat

District	Minerals Found in Respective Districts	Brief Summary and Important Links
Amreli	Bauxite, Bentonite, China clay, Limestone, Calcite	Gujarat is the second largest producer of lignite and crude petroleum. It attains 6th position

District	Minerals Found in Respective Districts	Brief Summary and Important Links
		(2010-11) in terms of its contribution to production. In 2010-11, the value of mineral production remained at Rs. 12731.07 crores whereas the value of minor minerals remained at Rs. 725.67 crores.
Banaskantha	China Clay, Copper ore, Granite, Lead-Zinc, Marble.	
Bharuch	Agate, Fireclay, Fluorite, Lignite, Quartz/Silica sand, Calcite	
Bhavnagar	Bauxite, Bentonite, China Clay, Dolomite, Fuller's earth, Gypsum, Lignite, Ochre, Quartz/Silica sand	
Dahod	Quartz/Silica sand	
Jamnagar	Bauxite, Bentonite, China Clay, Gypsum	
Junagarh	Bauxite, China Clay, Gypsum, Limestone	
Kutch	Bauxite, Ball Clay, Bentonite, China Clay, Fuller's earth, Gypsum, Lignite, Limestone, Ochre, Quartz/Silica sand	More information about minerals in Gujarat
Kheda	Bauxite, Fireclay, Limestone, Quartz/Silica sand	
Mehsana	China Clay, Fireclay, Granite	
Panchmahals	Limestone, Quartz/Silica sand, Rock phosphate, Graphite, Manganese ore	
Patan	Ochre	
Porbandar	Bauxite, Chalk, Limestone	

District	Minerals Found in Respective Districts	Brief Summary and Important Links
Rajkot	Fireclay, Limestone, perlite, Quartz/Silica sand	
Sabarkantha	Bauxite, Bentonite, China Clay, Fireclay, Limestone, Quartz/Silica sand, Granite	RTI Link
Surat	Fireclay, Lignite, Limestone, Quartz/Silica Sand	State Human Rights Commission
Surendranagar	Fireclay, Gypsum, Quartz/Silica Sand	Public Consultation
Vadodara	Dolomite, Fluorite, Limestone, Quartz/Silica Sand, Lead-Zinc, Marble, Manganese Ore	Environment Clearance
Valsad	Bauxite	
Valsad	Limestone, Quartz/Silica Sand	

Fonte: The Mining Information Clearing House of India (MICI)

A região do Norte de Gujarat para as minas e indústria mineral tem muitas oportunidades de desenvolvimento, mas enfrentando questões sobre actividades de minas padrão internacional. O Distrito de Palanpur é um dos distritos prósperos em termos de minerais. O distrito é rico em minerais e minas. Os minerais importantes são os seguintes: Escombros, Mármore, Calcário, Bloco de Granito, Granito de escombros, Quartzito e Areia vulgar. O mapa mineral do distrito de Palanpur é o seguinte.

Figura- 1.7 Mapa mineral da Fonte do Distrito de Banskantha: Comissário Distrital de Indústria, Banaskantha

Produção de minerais durante 2010-11 como se segue.

Tabela-1.6 Minerais Minerais no Distrito de Palanpur

MINOR		
1.	Marble Block	194709
2.	Rubble	453141
3.	Building Stone	695239
4.	Limestone	85069
5.	Ordinary sand	1810981
6.	Granite Block	5848
	Rubble	1352
7.	Qurtzite	151202
	TOTAL	3397541

FONTE : DEPT. DE MINAS & GEOLOGIA,PALANPUR

A Comissão de Petróleo e Gás Natural da Índia tinha explorado com sucesso muito Petróleo e Gás Natural mineral em kadi e talukas de Mehsana. O distrito de Mehsana tem um lugar em All India Minerals Map preparado pelo Ministério do Petróleo, Govt, da Índia. Existem outros minerais como a Argila da China (crude), Argila da China (impura), Argila de Tijolo, Granito, Areia, Calcário e Quartzito, etc. O distrito de Patan também tem recursos minerais, mas a argila de porcelana é o principal.

1.6   Análise SWOT

Os seguintes pontos fortes e fracos do sector do Mármore são avaliados da seguinte forma sob a forma de análise SWOT. (Figura-1.5)

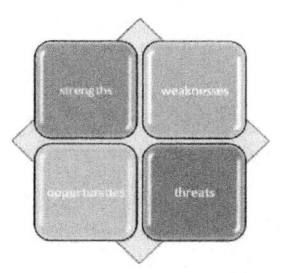

Figura-1.8 Análise SWOT

1.6.1 Pontos fortes:

Vastas reservas: Gujarat tem uma Área de Mármore (Mapeamento Geológico à escala de 1:1000, 1:2000 e 1:4000 e 1:8000) de 28,56 km2 com uma reserva potencial de cerca de 105 milhões de toneladas.

Disponibilidade da matéria-prima: Gujarat está localizada nos arredores dos principais estados produtores de mármore como o Rajasthan e Madhya Pradesh. Além disso, uma infra-estrutura robusta para as importações proporciona a segurança necessária de matéria-prima aos investidores no sector do mármore no estado.

Infra-estruturas para exportação: Os portos Kandla e Mundra são importantes portos de exportação e importação de mármore no país. O Porto Kandla representa mais de 45% do valor total das exportações de mármore do país.

Proximidade aos principais mercados de mármore processado: EAU, Arábia Saudita, Vietname, e Malásia são os principais países importadores de mármore processado. Gujarat está estrategicamente localizado na parte mais ocidental da Índia e tem uma vantagem logística para as exportações nestes países em relação a outros países exportadores como a China e Itália. A infra-estrutura logística do Estado pode ser estrategicamente utilizada para aumentar a quota de mercado do país no mercado mundial do mármore processado.

Políticas favoráveis ao investidor: O Governo de Gujarat está empenhado em promover políticas de promoção da "Facilidade de Fazer Negócios" no Estado. Portal de Facilitação do Investimento, Sistema de Apoio ao Investidor, Comité de Gabinete do Ministro Chefe para a Política Industrial e Monitorização (CCCIPM), etc., asseguram a rápida correcção de estrangulamentos no desenvolvimento das indústrias no Estado.

1.6.2 Pontos fracos :

Infra-estrutura para adição de valor: Gujarat tem apenas um corredor industrial dedicado ao processamento de mármore em Ambaji. O Governo do Rajasthan criou Áreas Industriais em Kishangarh, Abu Road, Udaipur, Chittorgarh e Bikaner para a transformação de mármore e forneceu incentivos especiais para as indústrias de Kota, Mármore e Granito do Estado no GST e outros impostos e taxas.

Deterioração da qualidade: Com a crescente profundidade das minas em Ambaji, o Mármore produzido nestas minas é fraccionado. Actualmente, mais de 80% do Mármore produzido na zona de Ambaji é produzido sob a forma de Luffers e Rubbles (Blocos Irregulares).

1.6.3 Oportunidades :

Um boom nas actividades de construção: Uma vez que o Mármore é utilizado principalmente na indústria da construção, o crescimento no sector da construção impulsiona a procura do Mármore. De acordo com o relatório Global Construction Outlook 2020, a indústria global de construção cifra-se actualmente em 8,5 triliões de dólares. Espera-se que atinja 15 triliões de USD até 2025, ou seja, o valor do sector da construção deverá duplicar na próxima década. Os principais motores deste crescimento serão a China, a Índia, e os EUA, que deverão representar 60% do crescimento global. Segundo o IBEF, a indústria imobiliária da Índia deverá crescer a CAGR de 15% em termos de valor para 853 mil milhões de USD em 2028. Gujarat é responsável por 22% do investimento total do país. De 2001-2010, foram investidos 99,805 Rs em infra-estruturas em Gujarat e 1,18 Rs 1,18 lakh crores foram planeados para 2010-2020 em Big 2020 Vision of Government of Gujarat. Gujarat é um dos estados mais urbanizados do país com 42% da população total do Estado a residir na zona urbana. Com o aumento da actividade económica no Estado, uma grande população está a migrar de dentro e de fora do Estado para as áreas urbanas de Gujarat. Como resultado, de acordo com a Socioeconomic Review 2015-16, Gujarat, a população urbana de Gujarat está a crescer a uma taxa de 36%. Isto tem aumentado a procura de infra-estruturas urbanas como casas, metropolitanos, pontes, etc. no Estado. O mármore é responsável por mais de 50% da produção total de pedra natural no país. Com o aumento da procura de infra-estruturas urbanas, a procura de pedra natural e mármore irá aumentar.

Exportação de mármore processado: Os portos Kandla e Mundra são os principais portos exportadores e importadores de mármore do país. O Porto Kandla representa mais de 45% do valor total das exportações de mármore no país. Além disso, os portos constituem mais de 50% do valor total das importações de mármore bruto. O Departamento de Comércio, Ministério do Comércio e Indústria, Governo a 18 de Setembro de 2016 notificou a nova política de importação de Blocos de Mármore e Travertino, e Placas de Mármore e Granito. De acordo com esta política, a Restrição Quantitativa aos Blocos de Mármore e Travertino e o sistema restritivo de licenças de importação foi removido pelo Governo. Além disso, o

Preço Mínimo de Importação (PMI) para a importação de Blocos de Mármore e Placas de Mármore foi reduzido para 200 USD por tonelada métrica e 40 USD por metro quadrado, respectivamente. Com a vantagem da localização, estas iniciativas políticas proporcionam uma oportunidade para desenvolver o sector de transformação de Mármore em Gujarat com base no Mármore bruto importado.

Usos alternativos do Mármore: O Mármore em pó fino é utilizado na indústria química e azulejaria. Os rublos de mármore produzidos na mina são triturados e fornecidos às indústrias de azulejos e química a partir do melhoramento a jusante. Estas utilizações alternativas aumentaram o valor económico e comercial do Mármore. A indústria química de Gujarat é responsável por mais de 60% da produção da Índia.

Potencial de geração de emprego: O objectivo de produção de 14 lakh toneladas por ano até 2020 deverá gerar emprego para mais de 2000 pessoas na área de produção de granito recentemente leiloada.

1.6.4 Ameaças :

Reserva sob área florestal: A maior parte da Área de Mármore do estado situa-se sob área de floresta.

Forte concorrência de estados vizinhos como o Rajasthan: A indústria do mármore do Rajasthan é responsável por mais de 85% da produção de mármore e 95% da capacidade de processamento do país. Dada a escala das operações no sector do mármore no Rajasthan, as indústrias de Gujarat podem ter dificuldade em competir com as principais indústrias do Rajasthan em termos de custo e volume.

1.7   Justificação do estudo

A indústria de minas e Minerais pode ser agrupada em dois grupos em termos do seu desenvolvimento na Índia. A indústria mineira antes da globalização e a indústria mineira após a globalização. A Índia também está na primeira fila a nível mundial em termos de exportação dos produtos da mina. Gujarat contribuiu à sua maneira ao adoptar o processo de desinvestimento das PSUs. O governo de Gujarat também introduziu uma Fundação Mineral Distrital em 32 Distritos de Gujarat. Os estudos realizados sobre minas e minerais no contexto do estado de Gujarat durante o período anterior por investigadores, académicos ou profissionais notaram em muitas áreas relevantes da indústria mineira. Este estudo também fornece informações sobre factores que são influentes para o crescimento da indústria mineira. Este estudo concentrou-se também em factores internos, na intervenção da população local e na mineração responsável, que podem ser úteis para decisores políticos, adoptantes de políticas e seguidores de políticas nesta indústria. O estudo é baseado na percepção dos trabalhadores sobre o factor específico. A mineração responsável significa defender as actividades mineiras, assim como as actividades de marketing estão a ser utilizadas pelas empresas mineiras (isto é, Mármore e Pedreira) deveriam ser mais sólidas em termos ambientais e sociais. O termo "Exploração Mineira Responsável" é também afirmado como tendo sido formulado por Ranil Senanayake da International Analog Forestry Network e Brian Hill do Institute for

Cultural Ecology. A população alvo para efeitos desta investigação é a Região Norte de Gujarat. Os empresários mudaram a face da indústria mineira de Gujarat, utilizando o factor de excedente de energia eléctrica com equipamento técnico de maior nível. Assim, este estudo pode ser útil ao Governo de Gujarat, investigadores, académicos, bem como aos profissionais para melhor compreender os problemas e as perspectivas da indústria mineira de Gujarat. Os resultados deste estudo podem generalizar-se às outras áreas de Gujarat onde as actividades mineiras estão em prática.

1.8 Significado do Estudo

Este estudo poderia proporcionar aos trabalhadores uma percepção dos problemas e perspectivas da indústria mineira no contexto do estado de Gujarat. As percepções dos trabalhadores são a preocupação com factores de influência externa, factores de influência interna; intervenção da população local e exploração responsável da mina. A população alvo deste estudo são os empregados do Norte de Gujarat que trabalham em unidades de Mármore e Pedreira. Este estudo também se concentra na probabilidade da relação positiva entre a Mineração Responsável e Factores Externos, a Mineração Responsável e Factores Internos, a Mineração Responsável e a Intervenção da População Local. Deve também ser estudado o nível de percepção dos trabalhadores sobre outros factores relevantes que são avaliados como resultado da revisão bibliográfica. Este estudo pode ser útil para as entidades ou pessoas associadas à indústria mineira como instrumento de resolução de problemas. Pode ser útil para académicos, investigadores, bem como para profissionais.

1.9 Âmbito do estudo

O presente estudo centra-se nas percepções dos trabalhadores relativamente às actividades mineiras levadas a cabo pelos empregadores no contexto de factores externos e internos influentes em várias dimensões. A voz da população local nas actividades mineiras levadas a cabo por empresários também deve ser tida em consideração. Os investigadores defendem a redefinição das actividades mineiras responsáveis.

1.10 Definição dos termos

A seguinte terminologia mineira deve ser utilizada durante o trabalho de investigação que pode levar a dar ao Estado de Gujarat uma melhor compreensão da indústria mineira e do seu tema de estudo no contexto.

Mina: uma escavação feita na terra para extrair minerais.

Exploração mineira: a actividade, ocupação, e indústria preocupada com a extracção de minerais.

Engenharia de minas: a prática de aplicar princípios de engenharia ao desenvolvimento, planeamento, operação, encerramento, e recuperação de minas.

Alguns termos distinguem vários tipos de minerais extraídos. Geologicamente, é possível distinguir as seguintes categorias de minerais:

Mineral: um elemento ou composto inorgânico natural com uma estrutura interna ordenada e uma composição química característica, forma cristalina, e propriedades físicas

Rocha: Qualquer agregado formado naturalmente de um ou mais tipos de partículas minerais As diferenças económicas na natureza dos depósitos minerais são evidentes nos seguintes termos

Ore: Um depósito mineral que tem utilidade e valor suficiente para ser extraído com lucro.

Gangue: as partículas minerais sem valor dentro de um depósito de minério que devem ser descartadas.

Resíduos: O material associado a um depósito de minério que deve ser extraído para se chegar ao minério e deve depois ser descartado. A gangue é um tipo particular de resíduo.

Uma outra subdivisão dos tipos de minerais extraídos pela humanidade é também comum. Estes termos são frequentemente utilizados na indústria para diferenciar entre os combustíveis, metais e minerais não metálicos. Os termos mais comuns utilizados nesta diferenciação são os seguintes:

Minérios metálicos: Os minérios dos metais ferrosos (ferro, manganês, molibdénio e tungsténio), os metais de base (cobre, chumbo, zinco e estanho), os metais preciosos (ouro, prata, metais do grupo da platina), e os minerais radioactivos (urânio, tório e rádio).

Minerais não metálicos: (minerais industriais): os minérios minerais não combustíveis que não estão associados com a produção de metais. Estes incluem fosfato, potassa, halita, trona, areia, cascalho, calcário, enxofre, e muitos outros.

Combustíveis fósseis: (combustíveis minerais): As substâncias minerais orgânicas que podem ser utilizadas como combustíveis, tais como carvão, petróleo, gás natural, metano de leito de carvão, Gilsonite, e areias asfálticas.

Exploração geofísica: exploração para minerais ou combustíveis minerais, ou determinação da natureza dos materiais da terra, medindo uma propriedade física das rochas e interpretando os resultados em termos das características geológicas ou dos depósitos económicos procurados.

Prospecção geofísica: cartografia, estruturas rochosas através da medição de campos magnéticos, força da gravidade, propriedades eléctricas, trajectórias e velocidades de ondas sísmicas, radioactividade, e fluxo de calor.

Granito: uma rocha ígnea dura composta principalmente de quartzo e feldspato utilizado na construção de edifícios, como escadas, bancadas de cozinha, etc.

Dureza: a capacidade de um material (rocha ou mineral) de riscar outro ou de ser ele próprio riscado.

Escala de dureza: a escala pela qual a dureza de um mineral é determinada em comparação com um padrão.

Resíduos Perigosos: material que, dada a sua quantidade, concentração e composição ou as suas características corrosivas, inflamáveis, reactivas, tóxicas, infecciosas ou radioactivas, apresenta um perigo real ou potencial para a saúde humana, segurança e bem-estar público ou representa um perigo para o ambiente se não for armazenado, tratado, transportado, eliminado, utilizado ou gerido de outra forma.

Vida da mina: o período de tempo que uma mina está ou poderá estar em produção.

Desenvolvimento de Minas: as operações envolvidas na preparação de uma mina para extracção de minério

Avaliação Mineral: estimar o número de depósitos ou a tonelagem de metal dentro de alguma região especificada.

Direitos Minerais: direitos de propriedade sobre os minerais localizados sobre ou abaixo de uma propriedade.

Mineração a céu aberto: um método de extracção de rochas ou minerais da terra através da sua remoção de uma mina a céu aberto.

Prospecção: procurar numa área minerais e minérios valiosos, tais como ouro, prata, ou petróleo.

Prospector: uma pessoa envolvida na exploração de minerais valiosos ou em testes de supostas descobertas dos mesmos.

Pedreira: uma mina aberta ou de superfície onde são extraídos pedra, rocha e materiais de construção.

Pedreira: a extracção de pedra, rocha e materiais de construção de uma pedreira a céu aberto ou de superfície.

Reservas: uma estimativa dentro dos limites de precisão especificados do conteúdo metálico ou mineral valioso dos depósitos conhecidos que podem ser produzidos nas condições económicas actuais e com a tecnologia actual; a parte da base de reserva que pode ser extraída ou produzida economicamente no momento da determinação.

Resumo do capítulo

Neste capítulo, as principais características salientes sobre minas, desenvolvimento industrial e cenário actual a nível global, nacional e estatal no contexto da Índia são discutidas com o objectivo de se obter uma visão geral da indústria mineira antes de se realizarem actividades de investigação sobre o problema e a perspectiva em termos da indústria mineira de Gujarat. Os pontos discutidos neste capítulo são: história da indústria mineira com referência ao nível global, uma perspectiva indiana e o nível de Gujarat.

2.0 Introdução

Um quadro teórico fornece ao investigador uma forte base de investigação científica e apoio para o resto do trabalho de investigação. O quadro teórico surge após a identificação da declaração do problema e das questões de investigação. É necessário determinar as teorias e ideias existentes no assunto ou tópico escolhido pelo(s) investigador(es). O quadro teórico fornece justificação científica para a investigação a ser conduzida pelo(s) investigador(es). O quadro teórico consiste em conceitos-chave do tópico seleccionado, problema, objectivo, questões de investigação, conceitos, teorias e modelos relevantes, incluindo outros elementos adequados para o tópico de investigação.

Neste estudo, fases da vida das minas, Relações Industriais: Abordagens, Relações Industriais: Cenário Global, Relações Industriais: Cenário Indiano, Relações Industriais em Gujarat e o papel de um organismo governamental na indústria mineira são discutidos.

2.1 Fases na Vida das Minas

As fases da vida da mineração são necessárias para descrever porque tais fases ajudam a aplicar as ferramentas para melhores resultados na indústria mineira. As cinco fases ou fases do ciclo de vida das minas são exibidas da seguinte forma:-

Etapa 1 Prospecção

Quadro-2.1 Primeira fase do ciclo de vida da Mina

Stage-1	Procedure	Time
Prospecting (Mineral deposit)	Search for ore 1. Prospecting methods or Geologic Indirect: geochemical. 2. Locate favorable loci (maps, literature, old mines). 3. Air: aerial photography, airborne geophysics, Satellite. 4. Surface: ground Geophysics, geology. 5. Spot anomaly, analyze, Evaluate.	1- 3 years

A primeira fase mencionada no Quadro 2.1, utilização de um depósito mineral, é a procura de minérios ou outros minerais valiosos (carvão ou não metálicos) porque os depósitos minerais podem estar localizados quer à superfície quer abaixo da superfície da terra, são utilizadas tanto técnicas de prospecção directa como indirecta. Requer 1to3 anos de tempo.

O método directo de descoberta, normalmente limitado aos depósitos de superfície, consiste no exame visual da exposição (afloramento) do depósito ou dos fragmentos soltos (bóia) que se afastaram do afloramento. Os estudos geológicos de toda a área aumentam esta técnica simples e directa. Através de fotografia aérea, mapas geológicos, e avaliação estrutural de uma área, o geólogo reúne provas através de métodos directos para localizar depósitos minerais. A análise precisa e estrutural e os estudos microscópicos de amostras também permitem ao geólogo localizar tanto a mineralização oculta como a de superfície. A ferramenta científica mais valiosa utilizada na busca indirecta de depósitos minerais escondidos é a geofísica, a ciência da detecção de anomalias utilizando medições físicas de variáveis gravitacionais, sísmicas, magnéticas, eléctricas, electromagnéticas e radiométricas da terra. Os métodos são aplicados a partir do ar, utilizando aviões e satélites; na superfície da terra; e sob a terra, utilizando métodos que sondam abaixo da topografia. A geoquímica, a análise quantitativa de amostras de solo, rocha e água, e a geobotânica, a análise dos padrões de crescimento das plantas, também podem ser utilizadas como ferramentas de prospecção.

Etapa-2 Exploração

Stage-2	Procedure	Time
Prospecting (mineral deposit)	Defining extent and value of ore(examination/evaluation) a. Sample (drilling or) excavation, assay, test b. Estimate tonnage and grade c. Valuate deposit (Hoskold formula or discount method): present value =income-cost Feasibility study: make the decision to abandon or develop.	2-5 years

Quadro-2.2 Segunda fase do ciclo de vida da Mina

O quadro-2.2 indica a fase-2 do ciclo de vida das minas que determina com a maior precisão possível a dimensão e o valor de um depósito mineral, utilizando técnicas semelhantes mas mais refinadas do que as utilizadas na prospecção. A diferença entre prospecção e exploração não é grande; de facto, pode não ser possível uma distinção em alguns casos. A exploração desloca-se geralmente em locais de superfície e subsuperfície, utilizando uma variedade de medidas para obter uma imagem mais positiva da extensão e da qualidade do corpo mineral. Amostras representativas podem ser sujeitas a técnicas de avaliação química, metalúrgica, radiográfica, espectográfica ou radiométrica, que se destinam a aumentar os conhecimentos do investigador sobre o depósito mineral. As amostras são obtidas através de afloramentos de lascas, escavação, escavação em túnel e perfuração; além disso, podem ser fornecidos toros de perfuração para estudar a geologia e a composição estrutural do depósito. As perfuradoras rotativas, de percussão ou diamantíferas podem ser utilizadas para fins de exploração. Mesmo assim, as brocas diamantadas são favorecidas porque os núcleos que produzem fornecem conhecimentos sobre a estrutura geológica. O núcleo é normalmente dividido ao longo do seu eixo; uma metade é analisada, e a outra metade é mantida intacta para estudos geológicos posteriores Uma avaliação das amostras permite ao geólogo ou engenheiro de minas calcular a tonelagem e grau ou riqueza, do depósito mineral. Ele ou ela estima os custos de mineração, avalia a recuperação dos minerais valiosos, determina os custos ambientais e avalia outros factores previsíveis num esforço para chegar a uma conclusão sobre a rentabilidade do depósito mineral. O cerne da análise é a questão de saber se a propriedade é apenas mais um depósito mineral ou um corpo de minério. Para um depósito de minério, o processo global chama-se estimativa de reserva, ou seja, o exame e avaliação do corpo de minério. Na conclusão desta fase, o projecto é desenvolvido, negociado com outra parte, ou abandonado.

Fase 3 de Desenvolvimento (Prospecto)

Na terceira etapa, o desenvolvimento, o trabalho de abertura de um depósito mineral para exploração é realizado. Começa com a extracção efectiva do jazigo, agora denominado minério. O acesso ao jazigo deve ser obtido quer (1) despojando a sobrecarga, que é o solo e/ou rocha que cobre o jazigo, para expor o minério próximo da superfície para mineração, quer (2) escavando aberturas da superfície para aceder mais profundamente a depósitos enterrados para preparar a mineração subterrânea. Em qualquer dos casos, certos trabalhos preliminares de desenvolvimento, tais como a aquisição de água e direitos minerais, a compra de terrenos à superfície, a obtenção de financiamento e a preparação de pedidos de licença e de uma declaração de impacto ambiental (EIA), serão geralmente exigidos antes de qualquer desenvolvimento. Quando estas etapas tiverem sido cumpridas, a provisão de uma série de requisitos para estradas de acesso, fontes de energia, sistemas de transporte de minerais, instalações de processamento de minerais, áreas de eliminação de resíduos, escritórios, e outras instalações de apoio, deverá preceder a exploração mineira efectiva na maioria dos casos. A remoção da sobrecarga prosseguirá então, se os minerais tiverem de ser extraídos à superfície. Considerações económicas determinam a razão de remoção, a razão entre os resíduos removidos e o minério recuperado; pode variar desde 45 yd$_{\_}$/ton (38 m$_{\_}$/ton) para minas de carvão até 1,0 yd$_{\_}$/ton (0,8 m$_{\_}$/ton) em minas de metal. Algumas minas não metálicas não têm sobrecarga para remover; o mineral é simplesmente escavado no desenvolvimento de superfície para mineração subterrânea é geralmente mais complexo e caro. Requer planeamento cuidadoso e disposição das aberturas de acesso para uma mineração eficiente, segurança e permanência. As principais aberturas podem ser feitas por poços, declives ou aditamentos; cada uma deve ser planeada para permitir a passagem de trabalhadores, máquinas, minério, resíduos, ar, água, e serviços públicos. Muitas minas de metal estão localizadas ao longo de depósitos de imersão acentuada e, portanto, são abertas a partir depoços, enquanto que as derivações, guinchos e elevações servem as áreas de produção. Muitos carvões e minas não metálicas encontram-se em depósitos quase horizontais. As suas principais aberturas podem ser derivações ou entradas, que podem ser distintamente diferentes das das minas de metal. Estas diferenças são descritas nos Capítulos 4, 7, 8, e 10 a 14.Esta etapa pode ser exposta no seguinte Quadro-2.3

Stage-3	Procedure	Time
Developing (prospect)	Opening up ore deposit for production a). Acquire mining (purchase or lease), if not done in stage 2 b). File environmental impact statement ,technology assessment, permit c). Construct access roads, transport system d). Locate surface plant, construct facilities e). Excavate deposit (strip or sink shaft)	2-5 years

Quadro-2.3 Terceira fase do ciclo de vida da Mina

Etapa-4 Exploração

A seguinte tabela-2.4 indica a fase de exploração ou fase do ciclo de vida das minas.

Stage-4	Procedure	Time
Exploitation	Large-scale production of ore a. Factors in the choice of method: Geographic, economic, environmental, societal safety b. Types of mining methods Surface: open pit, open cast, etc. Underground: room and pillar, block caving, etc. c. Monitor costs and economic payback	3-10 years

Quadro-2.4 Quarta fase do ciclo de vida da Mina

A exploração, a quarta fase da mineração, está associada à recuperação real dos minerais da terra em quantidade. Embora o desenvolvimento possa continuar, a ênfase na fase de produção é colocada na produção. Normalmente só é feito desenvolvimento suficiente antes da exploração para garantir que a produção, uma vez iniciada, possa continuar sem interrupções durante toda a vida da mina. O método de mineração seleccionado para exploração é determinado principalmente pelas características do depósito mineral e pelos limites impostos pela segurança, tecnologia, preocupações ambientais, e economia. As condições geológicas, tais como a imersão, forma e resistência do minério e da rocha circundante, desempenham um papel fundamental na selecção do método. Os métodos tradicionais de exploração enquadram-se em duas grandes categorias baseadas no local: superfície ou subterrânea. A exploração mineira à superfície inclui métodos de escavação mecânica, tais como a céu aberto e a céu aberto (extracção em tiras), e métodos aquosos, tais como a extracção em placer e em solução. A mineração subterrânea é geralmente classificada em três categorias de métodos: não apoiada, apoiada, e cavernícola. A mineração de superfície é o procedimento de exploração predominante a nível mundial, produzindo nos Estados Unidos cerca de 85% de todos os minerais, excluindo o petróleo e o gás natural. Quase todos os minérios metálicos (98%), cerca de 97% dos minérios não metálicos, e 61% do carvão nos Estados Unidos são extraídos utilizando métodos de superfície (U.S. Geological Survey, 1995; Energy Information Administration, 2000), e a maioria destes são extraídos a céu aberto ou por métodos de fundição a céu aberto. Na extracção a céu aberto, um método de extracção mecânica, um depósito grosso é geralmente extraído em bancadas ou degraus, embora depósitos finos possam requerer apenas um único banco ou face. A extracção a céu aberto ou a céu aberto é geralmente utilizada para explorar um depósito próximo da superfície ou que tenha uma baixa taxa de despoeiramento. Muitas vezes requer um grande investimento de capital mas geralmente resulta em alta produtividade, baixo custo operacional, e melhores condições de segurança. Os métodos de extracção aquosa dependem de água ou outro líquido (por exemplo, ácido sulfúrico diluído, solução fraca de cianeto, ou carbonato de amónio) para extrair o mineral. A exploração de jazidas de Placer é utilizada para explorar depósitos pouco consolidados como areia e cascalho comum ou cascalho contendo ouro, estanho, diamantes, platina, titânio, ou carvão. A hidraulicidade utiliza uma corrente de água de alta pressão que é dirigida contra o depósito mineral (normalmente, mas nem sempre um placer), subcotando-o, e causando a sua remoção pelas acções erosivas da água. A dragagem realizada a partir de recipientes flutuantes, realiza a extracção dos minerais de forma mecânica ou hidráulica. A extracção de soluções inclui tanto a extracção de furos, tais como os métodos utilizados para extrair, cloreto de sódio ou enxofre, como a lixiviação, quer através de furos de sondagem ou nas lixeiras ou escombreiras à superfície. A exploração mineira por colocação e solução estão entre os mais económicos de todos os métodos de mineração, mas só podem ser aplicados a categorias limitadas de depósitos minerais.

Mineração subterrânea: - Os métodos subterrâneos não são apoiados, apoiados e as cavernas são diferenciadas pelo tipo de suportes de parede e de telhado utilizados, a configuração e o tamanho da produçãoaberturas, e a direcção em que a exploração mineira progride. Os métodos não suportados de mineração são utilizados para extrair depósitos minerais que são aproximadamente tabulares (mais a imersão plana ou acentuada) e estão geralmente associados a minério forte e rochas circundantes. Estes métodos são denominados não suportados porque não utilizam quaisquer pilares artificiais para ajudar no apoio das aberturas. No entanto, são frequentemente utilizadas quantidades generosas de aparafusamento de telhados e medidas de apoio localizadas. A exploração mineira de quartos e pilares é o método não apoiado mais comum, utilizado principalmente para costuras planas ou depósitos de leito como carvão, trona, pedra calcária, e sal. O apoio do telhado é fornecido por pilares naturais do mineral que são deixados de pé num padrão sistemático. A extracção de para-e-pilar (uma para-pilar é uma abertura de produção numa mina metálica) é um método semelhante utilizado em minas não carboníferas onde ocorrem corpos de minério mais espessos e irregulares; os pilares são espaçados aleatoriamente e localizados em minério de baixa qualidade para que o minério de alta qualidade possa ser extraído. Estes dois métodos representam a quase totalidade da extracção subterrânea em depósitos horizontais nos Estados Unidos e uma proporção muito elevada da tonelagem subterrânea também. Dois outros métodos aplicados a depósitos de imersão acentuada estão também incluídos na categoria não apoiada. Na paragem da retracção, a exploração mineira progride para cima, com as fatias horizontais de minério a serem jateadas ao longo do comprimento da estufagem. Uma porção do minério partido é acumulada na estufagem para fornecer uma plataforma de trabalho aos mineiros, sendo depois retirada da estufagem através de condutas. A paragem em sub-níveis difere da paragem por contracção, fornecendo sub-níveis a partir dos quais as fatias verticais são jateadas. Desta forma, a paragem é minada horizontalmente de uma extremidade para a outra. A paragem por encolhimento é mais adequada do que a paragem por subnível para minério mais forte e rocha de parede mais fraca. Os métodos de mineração suportados são frequentemente utilizados em minas com estrutura de rocha fraca. A paragem por corte e enchimento é o mais comum destes métodos e é utilizada principalmente em depósitos de metal em imersão acentuada. O método de corte-e-enchimento é praticado tanto na direcção de cima (para cima) como na direcção de baixo (para baixo). À medida que cada fatia horizontal é retirada, os espaços vazios são preenchidos com uma variedade de tipos de arquivo para apoiar as paredes. O preenchimento pode ser de resíduos de rocha, rejeitos, rejeitos cimentados, ou outros materiais adequados. A mineração de corte e enchimento é um dos métodos mais populares utilizados para depósitos de veias e tem vindo a crescer nos últimos tempos. A paragem do preenchimento de paredes também envolve o preenchimento de vazios de minas; contudo, depende principalmente de conjuntos de madeira para apoiar as paredes durante a exploração mineira. Este método de mineração está a desaparecer rapidamente na América do Norte devido ao elevado custo da mão-de-obra. Contudo, ainda encontra utilização ocasional na mineração de minérios de alta qualidade ou em países onde os custos de mão-de-obra são baixos. A paragem de tijolos é um método de mineração apoiado usando madeira ou parafusos de rocha em corpos de minério tabulares, de passo. É um dos métodos que pode ser aplicado acorpos de minério de ferro que têm imersões entre 10° e 45°. Utiliza frequentemente pilares artificiais de resíduos para apoiar o telhado. Os métodos de cavitação são variados e versáteis e envolvem a cavitação do minério e/ou da rocha sobrejacente. O subsidio da superfície ocorre normalmente a posteriori. A mineração de paredes longas é um método de cavernas particularmente bem adaptado às costuras horizontais, geralmente de carvão, a alguma profundidade. Neste método, é mantida uma face de comprimento considerável (uma face longa ou parede), e à medida que a mineração avança, os estratos sobrejacentes são cavados, promovendo assim a quebra do próprio carvão. Um método diferente, a cavitação sub-nível, é empregue para um depósito tabular de imersão ou depósito maciço. À medida que a mineração avança para baixo, cada novo nível é entalhado nas aberturas da mina, com os materiais de minério a serem recuperados enquanto a rocha permanece para trás. A cavitação em bloco é um método de mineração em grande escala ou a granel que é altamente produtivo, de baixo custo, e utilizado principalmente em depósitos maciços que devem ser minerados no subsolo. É mais aplicável a corpos de minério fracos ou moderadamente fortes que se quebram prontamente quando cavados. Tanto a extracção de blocos em cavernas como a de paredes longas é amplamente utilizada devido à sua alta produtividade. Para além destes métodos convencionais, estão também a evoluir métodos de extracção inovadores. Estes são aplicáveis a depósitos pouco usuais ou podem empregar técnicas ou equipamentos pouco usuais. Exemplos incluem automação, escavação rápida, gaseificação ou liquefacção subterrânea, e mineração em alto mar.

Etapa-5 Reclamação

Stage-4	Procedure	Time
Reclamation	Restoration of site a. Removal of plant and Buildings ($0.22 — 4.40/tonne) b. Reclamation of waste and tailings dumps c. Monitoring of discharges	1-10 years

Tabela-2.5 Quinta fase do ciclo de vida daMina
Esta é a fase final do ciclo de vida das minas. O processo de encerramento de uma mina e de recontaminação, revelação e restabelecimento dos valores da água e da terra. O melhor momento para iniciar o processo de recuperação de uma mina é antes de se iniciarem as primeiras escavações. Por outras palavras, os engenheiros de planeamento de minas devem planear a mina, para que o processo de

recuperação seja considerado e o custo global da exploração mineira mais a recuperação seja minimizado, e não apenas o custo da própria exploração mineira. A nova filosofia na indústria mineira é *sustentável,* ou seja, a satisfação das necessidades económicas e ambientais do presente, ao mesmo tempo que aumenta a capacidade das gerações futuras de satisfazerem as suas próprias necessidades (National Mining Association, 1998). No planeamento da recuperação de uma dada mina, há muitas preocupações que devem ser abordadas. A primeira delas é a segurança do local da mina, particularmente se a área estiver aberta ao público em geral. A remoção de edifícios de escritórios, instalações de processamento, equipamento de transporte, serviços públicos e outras estruturas de superfície deve ser geralmente realizada. A empresa mineira é então obrigada a selar todos os poços de minas e outras aberturas que possam apresentar riscos físicos. Quaisquer paredes altas ou outras estruturas geológicas existentes podem exigir atenuação para evitar ferimentos ou morte devido a falhas geológicas. A segunda grande questão a ser abordada durante a recuperação de um local de mina é a restauração da superfície da terra, da qualidade da água, e das áreas de eliminação de resíduos, de modo a não ocorrer poluição da água a longo prazo, erosão do solo, geração de poeira, ou problemas de vegetação. A restauração de plantas nativas é muitas vezes uma parte muito importante deste processo, uma vez que as plantas ajudam a construir uma estrutura de solo estável e naturalizam a área. Pode ser necessário colocar cuidadosamente quaisquer rochas ou rejeitos com propriedades produtoras de ácido em locais onde a precipitação tenha pouco efeito sobre o material e a produção de ácido seja minimizada. O mesmo pode ser válido para alguns dos metais pesados que poluem os cursos de água. O planeamento das lixeiras, lagoas de rejeitos e outras áreas perturbadas ajudará a prevenir problemas de poluição, mas também poderá ser necessário um trabalho de remediação para completar a fase de recuperação da mineração e satisfazer as agências reguladoras. A preocupação final do engenheiro de planeamento de minas poderá ser a utilização subsequente do terreno após a conclusão da exploração mineira. Os antigos locais de minas foram convertidos em refúgios de vida selvagem, centros comerciais, campos de golfe, aeroportos, lagos, instalações de armazenamento subterrâneo, empreendimentos imobiliários, áreas de eliminação de resíduos sólidos, e outras utilizações que podem beneficiar a sociedade. Ao planearem a mina para um desenvolvimento subsequente, os projectistas podem aumentar o valor do terreno mineiro e ajudar a convertê-lo num utilizador que o público considerará favorável. A conclusão bem sucedida da recuperação de uma mina irá melhorar a opinião pública da indústria mineira e manter a empresa mineira nas boas graças das agências reguladoras. A quinta fase da mina é assim de suma importância e deve ser planeada o mais cedo possível na vida da mina.

2.2 Relações Industriais: Abordagens

De um modo geral, a relação industrial é um campo multidisciplinar que faz o estudo das relações de emprego. É uma componente das ciências sociais. É amplamente aplicável em todos os tipos de indústrias. É também aplicável nas PMEs às PMEs para as principais relações de harmonização entre empregados e empregadores. As relações laborais foram fundadas por John.R.Commons na Universidade de Wisconsin durante 1920. O crédito também vai para Robert F. Hoxie quando a greve sangrenta teve lugar na mina de carvão Rockefeller, no Colorado.

Os estudiosos das relações laborais descreveram três quadros principais que contrastam, compreendendo as relações industriais no local de trabalho. Estes três pontos de vista são conhecidos como; unitários, pluralistas e radicais. Todas as três principais estruturas relacionadas com a percepção das relações no local de trabalho.

2.2.1 A Abordagem do Sistema

John Dunlop tinha desenvolvido a abordagem sistémica ao problema das relações industriais. Concentra a sua atenção nos participantes no processo, nas forças ambientais e nos resultados. Há três participantes que interagem com um conjunto de ideias e crenças comummente mantidas por eles. O ambiente é o terreno em que os participantes interagem, nomeadamente, as características tecnológicas do local de trabalho, do mercado e de outros constrangimentos económicos. A produção é o resultado da interacção das partes do sistema, que se manifesta sob a forma de uma rede de regras, da política laboral do país e dos acordos de gestão laboral.

2.2.2 A abordagem de Oxford

Esta abordagem tem tido grande influência no pensamento sobre as relações industriais no Reino Unido, Flanders, o expoente desta abordagem, considera cada empresa como um sistema social de produção e distribuição, que tem um padrão estruturado de relações próprias. A instituição de regulação do emprego é classificada como interna e externa. O primeiro tipo de regulamento de emprego é através da adopção de procedimentos internos e consultas conjuntas e através de procedimentos de comunicação e reclamação. A Flandres, considerada como um sindicato como instituição externa de regulamentação de empregos, que era controlada pelas forças do mercado. Era de opinião que a negociação colectiva era central para o sistema de relações laborais.

2.2.3 A Abordagem Social Industrial

G Margerison, um sociólogo industrial, era da opinião que o cerne do problema das relações industriais era a natureza e o desenvolvimento do próprio conflito. O conflito é o próprio conceito, que constitui a base para o estudo das relações industriais. A indústria é uma comunidade constituída por vários indivíduos e grupos com diferentes origens socioeconómicas, emoções, atitudes e valores, gostos e aversões. Estas diferenças juntamente com factores de trabalho como o conteúdo do trabalho, tarefa de trabalho e tecnologia, salários e condições de trabalho e de vida, criam conflitos. Além destes, os conflitos surgem também devido a factores sociais, tais como a cultura na sociedade, os sistemas de valores, instituições, clientes, mudanças estruturais, símbolos de estatuto, aceitação ou resistência à mudança e afins. Esta indústria é inseparável da sociedade dentro da qual tem de funcionar.

2.2.4 A abordagem marxista

A abordagem marxista baseava-se principalmente no desenvolvimento histórico da relação de poder entre capital e trabalho. Caracterizava-se pela luta entre as duas classes de pessoas para consolidar e reforçar as suas respectivas posições a fim de exercer uma maior influência de uma sobre a outra.

2.2.5 A Abordagem Pluralista

O ambiente social é um factor importante na compreensão dos conflitos industriais. As massas isoladas de trabalhadores são mais propensas à greve em comparação com os grupos dispersos. Quando os trabalhadores se integram mais na sociedade interior, é provável que as greves sejam menos frequentes; embora os conflitos sejam características inerentes à própria estrutura do sistema industrial.

No pluralismo, a organização é vista como sendo constituída por subgrupos poderosos e divergentes, cada um com as suas próprias lealdades legítimas e com o seu próprio conjunto de objectivos e líderes. Em particular, os dois subgrupos predominantes na perspectiva pluralista são a direcção e os sindicatos. Consequentemente, o papel da gestão inclinar-se-ia menos para a aplicação e controlo e mais para a persuasão e coordenação. Os sindicatos são considerados como representantes legítimos dos trabalhadores; o conflito é tratado por negociação colectiva e não é necessariamente visto como uma coisa má e, se gerido, poderia, de facto, ser canalizado para a evolução e mudança positiva. É o oposto da abordagem unitária; existem os diferentes grupos dentro do ambiente. Por conseguinte, os interesses dos empregadores e dos empregados são divergentes. Os empregadores querem maximizar o lucro à custa do empregado e o empregado quer usufruir de benefícios sociais sob a forma de aumento de salários, ambiente propício. Por conseguinte, o conflito é inevitável e a necessidade de o sindicato proteger os interesses de ambas as partes. Além disso, existe uma dupla autoridade/lealdade nesta abordagem. Por conseguinte, os empregados são leais à direcção, bem como aos seus líderes laborais.

2.2.6 A Abordagem da Relação Humana

O recurso humano é o único factor no processo de criação de valor e tem um potencial de crescimento imensurável. Isto está a ser visto como o factor mais crítico em toda a configuração organizacional industrial. Os seres humanos não são máquinas. Têm as suas próprias emoções, percepções, atitudes, e personalidades. Estas características fazem deles um grupo constituído por indivíduos complexos. A sua complexidade é ainda mais acentuada quando interagem colectivamente com outros. Quando os empregadores os tratam como objectos inanimados e sem vida e invadem as suas expectativas, surgem conflitos e tensões. Outra causa importante para todos os tipos de conflitos industriais é a insatisfação entre os indivíduos. Assim, para manter boas relações humanas em geral e para promover boas relações laborais em particular, um estudo das necessidades humanas, nomeadamente, necessidades fisiológicas, necessidades de segurança, e as necessidades sociais e egoístas tornam-se coisas de importância primordial.

2.2.7 A Abordagem Gandhiana

Mahatma Gandhiji poderia ser considerado como um dos maiores líderes laborais da Índia modem. A sua abordagem baseava-se inteiramente no respeito pelos trabalhadores como seres humanos. A sua filosofia pressupõe a coexistência pacífica do capital e do trabalho e o seu conceito de trustees, nomeadamente, que os empregadores não eram os únicos proprietários, mas eram meros trustees da sociedade na gestão das indústrias, o que constituía uma contribuição significativa na esfera das relações industriais indianas.

2.2.8 Unitarismo Explicado

Unitarismo significa um membro do empregado como membro de equipa de qualquer organização que é a preocupação central da Gestão de Recursos Humanos. No unitarismo, a organização é vista como um todo integrado e harmonioso com a ideia de "uma família feliz", na qual a direcção e outros membros do pessoal partilham um objectivo comum, enfatizando a cooperação mútua. Além disso, o unitarismo tem uma abordagem paternalista: exige lealdade de todos os funcionários e é gerencial na sua ênfase e aplicação. Consequentemente, os sindicatos são considerados desnecessários, uma vez que a lealdade entre empregados e organizações é considerada mutuamente exclusiva, e não pode haver dois lados da indústria. O conflito é considerado destrutivo e o resultado de uma má gestão.

2.2.9 Explicação radical

Esta visão das relações laborais olha para a natureza da sociedade capitalista, onde existe uma divisão de interesses fundamental entre capital e trabalho, e vê as relações no local de trabalho contra este pano de fundo. Esta perspectiva vê as desigualdades de poder e riqueza económica como tendo as suas raízes na natureza do sistema económico capitalista. O conflito é, portanto, visto como sindicatos são uma resposta natural dos trabalhadores à sua exploração pelo capital. Embora possa haver períodos de aquiescência, a visão marxista seria a de que as instituições de regulamentação conjunta reforçariam em vez de limitarem a posição da gestão, uma vez que presumem a continuação do capitalismo em vez de o desafiarem.

2.3 Relações Industriais: Cenário Global

Nesta sub-secção, os investigadores resumiram as relações industriais nos Estados Unidos da América, Reino Unido, Europa, Alemanha, França, Canadá, e China.

2.3.1 Relações industriais nos EUA

O sistema de relações industriais nos EUA consistia em dois sectores bastante distintos, nomeadamente, um sector sindicalizado e um sector não sindicalizado. O sector sindicalizado tinha sido historicamente caracterizado pela relação aberta e adversa entre trabalho e gestão, e o sector não sindicalizado era caracterizado, em geral, por discreções de gestão e controlo sobre os termos e condições de emprego. Estes dois sectores estão interligados de muitas formas e partilham algumas bases jurídicas e sociais comuns, mas diferem em grande medida e de forma significativa. Durante os últimos cinquenta anos, muitas das leis promulgadas tinham concentrado a sua atenção nas relações de gestão do trabalho. Certamente, as próprias leis tinham ajudado a expandir o crescimento do sindicalismo, mas incluíram um sistema de controlo e equilíbrio no seu funcionamento. O público americano é geralmente favorável ao movimento sindical, mas não gosta dos líderes sindicais. Ultimamente, tinha havido uma mudança definitiva na ênfase e uma confiança maior na negociação colectiva. A negociação colectiva tem uma base como método primário de resolução de disputas industriais nos E.U.A. É o método mais preferido de resolver as relações empregador-empregado. Isto deve-se ao facto de o processo de negociação levar frequentemente a melhorar a compreensão mútua entre os parceiros e a flexibilidade na sua abordagem.

2.3.2 Relações industriais no Reino Unido

A Grã-Bretanha foi o primeiro país a sofrer a revolução industrial. Foi também o primeiro país a desenvolver um conjunto de instituições de relações industriais. Como consequência, as relações industriais na Grã-Bretanha têm uma continuidade histórica e uma longevidade que é excepcional entre os países industrializados do mundo. Há três características distintivas no sistema de relações industriais britânico. São a tradição do voluntarismo; a representação dos trabalhadores através de escritórios sindicais no local de trabalho sob a forma de shop-stewards; e a organização da filiação sindical segundo linhas profissionais e não industriais. Na Grã-Bretanha, as relações industriais tinham vindo a significar o sistema de negociação há muito estabelecido e bem testado entre as organizações patronais e os sindicatos. As taxas de remuneração e outros termos e as condições de emprego da maioria dos empregados eram determinadas por acordos colectivos voluntariamente celebrados entre sindicatos e empregadores ou os seus representantes. Apesar da eficácia geral da maquinaria voluntária que tinha sido estabelecida em quase todos os ramos da indústria, as diferenças eram obrigadas a surgir em caso de falhas na obtenção de acordos. O Estado ajuda na prevenção e resolução de tais diferenças. Esta ajuda é prestada pelo Ministério do Trabalho ao abrigo dos seus poderes estatutários derivados de diferentes promulgações. Os métodos normais pelos quais a assistência é prestada são a conciliação, a arbitragem e a investigação ou através de inquérito formal. Existem várias categorias de sindicatos, cada uma com a sua abordagem preferida para o negócio de regular as relações empregador-empregado.

2.3.3 Relações Industriais Europeias

Até ao início do Thatcherism em 1979, o quadro das relações laborais no Reino Unido reconheceu o voluntarismo como a maior virtude nas suas relações laborais. As leis laborais eram vistas como uma nota de rodapé na negociação colectiva. No entanto, alguns países europeus continuaram basicamente a permanecer como Estados de bem-estar, especialmente a Escandinávia, entre outros. A agenda oculta da globalização, incluía, entre outros, a ilusão do sindicalismo. Pensava-se que a utilização eficiente dos recursos laborais só poderia ser realizada se as políticas de colectivismo laboral dessem lugar a uma individualização orientada para o incentivo dos contratos de trabalho. Curiosamente, as políticas de globalização também tinham conduzido ao conceito de gestão dos recursos humanos. A prossecução destas políticas tinha ameaçado a fusão do tema das relações laborais no tecido mais vasto da Gestão de Recursos Humanos. Estes desenvolvimentos tinham encorajado o processo de desunionização na maior parte do mundo, incluindo a Europa, excepto no Canadá e nos países escandinavos.

2.3.4 Relações industriais na Alemanha

O sistema de relações industriais na Alemanha não era um Fenómeno isolado, mas fazia parte do processo histórico. Este processo é chamado o processo de transformação do capitalismo num sistema de reformas sociais. Do total de trabalhadores assalariados na República Federal da Alemanha, 89,3% eram assalariados e assalariadas, ou seja, empregados, funcionários públicos e estagiários ou aprendizes. Os empregadores incluíam empresas privadas, autoridades governamentais federais, estatais e locais, e outras instituições públicas. Empregadores e empregados, cooperavam entre si, como deviam, mas os seus interesses por vezes colidiam. Têm então o direito de negociar e celebrar acordos colectivos sem interferência do Governo. O Estado cita as Condições Gerais por meio de legislação, mas não estabelece quanto é que os trabalhadores devem ser pagos. Estas, e muitas outras questões, por exemplo, as férias são deixadas aos "Padrões Sociais" que são os sindicatos e associações patronais, para negociar entre si e chegar a decisões adequadas.

2.3.5 Relações industriais em França

No sistema francês de relações laborais, a lei estatutária desempenha um papel essencial. Pode parecer à primeira vista que isto deixa apenas um papel secundário na negociação colectiva, particularmente quando se tem em conta a forma contínua da nova legislação no domínio laboral e o papel proeminente desempenhado pelos contratos de trabalho individuais nas relações entre os empregadores e os empregados. A negociação colectiva constituiu um instrumento mais flexível de relações laborais em França e, durante os últimos vinte anos, tinha experimentado um crescimento contínuo na sua utilização e a sua importância crescente no campo das relações laborais. A maioria das disputas essenciais em França foram resolvidas através de conflitos e negociações. Uma lei aprovada em 13th de Novembro de 1982 fez o balanço dos fracassos e reviu os procedimentos para a resolução de conflitos. Disposições legais que regulam estes procedimentos tinham agora sido incluídas no código do trabalho, para conciliação, mediação, e arbitragem.

2.3.6 Relações industriais no Canadá

O sistema de legislação laboral canadiano tinha criado uma estrutura estatutária apertada que regulava quase todos os aspectos da relação de gestão sindical. Embora a estrutura legal deva muito ao modelo da lei americana Wagner Act, algumas diferenças significativas distinguem o sistema canadiano de direito de negociação colectiva do sistema americano. Os procedimentos de conciliação obrigatórios encontraram um favor muito maior no Canadá do que nos Estados Unidos, e o direito à greve está mais estreitamente confinado aos estatutos no Canadá. Por outro lado, a legislação canadiana prevê um procedimento de certificação muito menos pesado e vai mais longe no reconhecimento da legitimidade das disposições de segurança sindical. Os legisladores canadianos, contudo, foram mais longe do que os seus homólogos americanos na extensão dos direitos de negociação colectiva também aos seus funcionários do sector público. A principal responsabilidade pela administração da legislação canadiana em matéria de negociação colectiva recai sobre os conselhos de relações laborais. Estes Tribunais administrativos têm agora uma jurisdição sobre a maioria dos aspectos das relações de negociação colectiva. O Redressal das queixas resultantes de acordos colectivos é ainda em grande parte da responsabilidade dos conselhos de arbitragem constituídos pelas partes numa base ad-hoc. No entanto, a Carta dos Direitos e Liberdades alargou grandemente a autoridade dos tribunais sobre as relações laborais, uma vez que os juízes deveriam determinar se as leis laborais eram coerentes com as garantias de direitos fundamentais da Carta.

2.3.7 Relações Industriais: China

O sistema de relações industriais chinês está num processo de transição. Tem sido um processo de mudança gradual e constante. O processo de reforma tem sido gradual a fim de não desestabilizar a paz social na comunidade. A harmonia social e industrial tinha sido muito valorizada pelas autoridades chinesas. Mas, como é inevitável, o processo de reforma tinha de facto provocado a agitação social e laboral. Tem havido uma erosão considerável da segurança de emprego nos anos da reforma. A existência de um sindicato monolítico subordinado ao poder político tinha de facto ajudado a preservar uma semblante de paz social. A situação das relações laborais na China é caracterizada por um sindicato monopolista vinculado ao Estado, supressão de sindicatos independentes, condições de trabalho duras em empresas privadas e de investimento estrangeiro, ausência do direito à greve, desigualdades crescentes, desemprego enorme, mercado de trabalho flexível (sistema de trabalho contratual), continuação da poderosa intervenção estatal, flexibilização das políticas de atracção de capital privado e estrangeiro (má implementação das leis laborais) e assim por diante. Isto tem ganho alguns elogios de alguns quadrantes e muitas críticas de outros.

2.4 Relações industriais: Cenário Indiano

As relações industriais na Índia foram moldadas pelas políticas laborais do governo colonial, pela ideologia da liderança política e pela dinâmica da luta pela independência política!8 Antes da aprovação da Lei dos

Sindicatos Indianos, 1926 e da Lei dos Litígios Comerciais, 1929, não existia uma política uniforme para a resolução de litígios industriais na Índia Depois da Independência da Índia em 1947; as relações industriais tinham figurado entre os muitos numerosos artigos que clamavam por atenção pública e por reformas. O Governo desempenhou um papel importante na formação das relações laborais, promulgando várias leis laborais para proteger os trabalhadores. Estas leis não só cobriram os direitos e privilégios dos empregados, mas também garantiram certos níveis de rendimento e melhores condições de trabalho e um bom ambiente de trabalho. O Governo tinha introduzido vários esquemas de participação dos trabalhadores na direcção para promover as relações cordiais entre a direcção e os seus empregados.

O Governo da Índia, sendo o maior empregador nas suas empresas do sector público, tinha assumido poderes para intervir eficazmente em matéria de disputas laborais. Com vista a promover a paz industrial, o Governo da Índia tinha desenvolvido um sistema regulamentar, aprovando várias legislações laborais e definindo políticas de relações industriais e adoptando várias estratégias. As relações industriais na Índia tinham sido objecto de um controlo legislativo extensivo. Ao longo de um período de mais de cinco décadas, o âmbito das leis laborais tinha sido alargado em grande medida. As leis laborais não só modificaram a tradicional relação de patrão e servo a favor dos trabalhadores, como também subordinaram os direitos dos empregadores aos do Governo. Embora os sindicatos estivessem profundamente divididos politicamente, tinham demonstrado a sua extraordinária capacidade de se unirem em questões relacionadas com o trabalho. Houve mudanças significativas nos padrões das relações laborais em todo o mundo, e a Índia também não foi uma excepção ao processo de mudança. As relações laborais foram empurradas para a periferia da autoridade política, estando os empregadores e o Governo preocupados com a crescente concorrência internacional e a sua sobrevivência no processo de globalização. Desde a introdução da nova política económica em 199192, tinha havido uma mudança radical na política de relações industriais na Índia e os sindicatos estão com grande receio quanto ao seu futuro. A nova política económica tornou possível que a direcção fosse repressiva no tratamento das questões dos trabalhadores. No âmbito da nova política económica, os salários e o pagamento de bónus tornaram-se questões menos importantes quando comparados com o problema da segurança do emprego e o receio de retracção. O Governo não intervém tanto na resolução de greves como nos anos 60 e 70. Quase metade do número de greves tinha terminado com o regresso voluntário dos trabalhadores ao seu trabalho.

Como resultado da política de liberalização, tinha havido uma entrada liberal de empresas multinacionais na Índia ao iniciar unidades de produção em grande escala. Como resultado, as ineficientes empresas indianas foram forçadas a reestruturar-se ou a encerrar as suas empresas. A reestruturação tinha resultado na adopção de estratégias para poupar muito no custo da mão-de-obra. "O conjunto de ferramentas familiar de tais estratégias incluía a proibição de novos recrutamentos, esquemas de reforma voluntária, relocalização da fábrica com menor número de trabalhadores contratados no novo local alterado, reestruturação do chão de fábrica para reduzir a supervisão de nível médio, aumento da produtividade e negociação e redução da parte dos salários dos trabalhadores permanentes". O sistema de relações laborais na Índia é ineficiente e injusto, até certo ponto, em alguns aspectos. É dilatório e falhou na construção de sindicatos fortes e no processo de negociação colectiva que poderia lidar com os novos desafios da liberalização e da globalização. O processo tinha ameaçado a sobrevivência de muitos empregadores e sindicatos; se não o movimento sindical como um todo.

2.5 Relações industriais: Estado de Gujarat

O estado de Gujarat é altamente industrial, e é o mais favorecido como oportunismo empresarial entre os indianos. O Governo de Gujarat toma iniciativas para tornar o estado mais próspero em termos de industrialização. O melhor exemplo do mesmo é o Vibrante Gujarat. O evento do Vibrante Gujarat colocou Gujarat a nível global e tornou-se mais favorável ao investimento. Os actos estão a ser promulgados pelo Governo da Índia em matéria de relações industriais. O Estado tem de seguir tais actos com poucas excepções. O Governo da Índia aprovou um projecto de lei sobre relações industriais em 2015, com vista à sua aplicação a todos os estados da Índia. O projecto de lei consiste na maior parte dos componentes sobre fóruns bipartidos, registo de sindicatos, ordens permanentes, aviso de alteração, referência voluntária de litígios à arbitragem, procedimentos, poderes e deveres das autoridades, greves e bloqueios, despedimento, retracção e encerramento, disposição especial relativa ao despedimento, retracção e encerramento, incluindo algumas outras questões. Este projecto de lei diz respeito à relação industrial que pode ajudar a manter a relação harmoniosa entre gestão e trabalhadores. O projecto de lei é conhecido como Código do Trabalho sobre Relações Industriais, 2015 Secção-1 à Secção-107 deste Código de Relações Industriais destacou as alterações após ter recebido o comentário de peritos. O Departamento de Trabalho e Emprego do Director de Segurança e Saúde no Trabalho do estado de Gujarat está habilitado a ver os actos das relações laborais. Mas segundo a Review of Labour (2011), observações feitas por **Neha Shah e Indira Hirway** de que a dinâmica dos processos de mudança do estatuto do trabalho e do emprego no estado de Gujarat, em rápida globalização, na Índia, este estudo mostra que o rápido crescimento do estado não foi partilhado pelo trabalho. Isto resultou numa queda do Estado na redução da pobreza, no desenvolvimento humano e na eliminação da fome. Este estudo também defende que um acordo injusto com o trabalho não precisa de fazer parte das reformas económicas neoliberais e que o fornecimento de uma quota-parte ajustada ao trabalho pode contribuir para promover um crescimento equitativo e intensivo em termos de trabalho no Estado.

2.5.1 GMDC- Como Organismo Governamental do Estado, na Indústria Mineira, Gujarat

O Governo de Gujarat formou o Departamento de Indústrias e Minas, ao abrigo das políticas da directiva estatal do Governo da Índia tem direitos e privilégios para manter o crescimento sustentável das indústrias e minas nesta era competitiva. O Estado organizou organismos com o objectivo de maximizar o papel da indústria mineira no SGDP. A missão deste departamento é o departamento de Indústrias e Minas desempenha um papel chave e importante no desenvolvimento industrial efectivo e económico e concentra-se nas possibilidades de desenvolvimento rápido em pequenas, médias e grandes indústrias. O principal objectivo do departamento é promover os empresários do sector industrial no Estado. Para tal, o departamento enquadra as políticas no sector industrial para atingir os objectivos desejados. Como parte das disposições estabelecidas por este departamento, o Governo de Gujarat formou a PSE estatal sob a direcção da Gujarat Mineral Development Corporation Limited. O organigrama da GMDC é o seguinte.

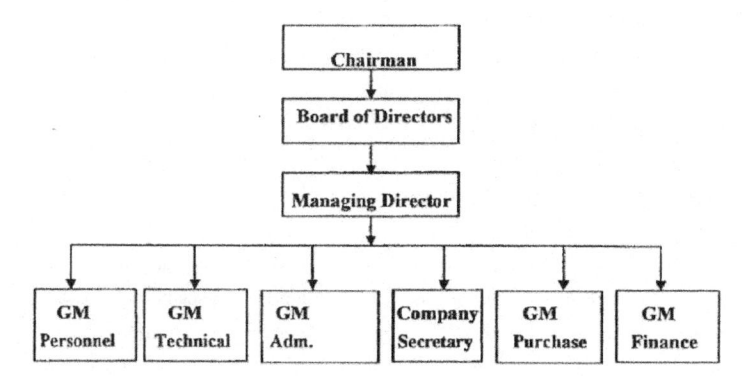

Figura-2.1 Organigrama, GMDC (P&A, Escritório Corporativo)

A Figura-2.1 indica que o cargo de presidente com poderes para tomar decisões sobre políticas e outras questões através da coordenação com o Governo. Este quadro diz respeito à ala administrativa. No Corporate Office GM (P&A) é responsável pelo pessoal e funções administrativas tais como recrutamento, selecção, formação, promoção, transferência, administração de salários e salários, relações industriais, avaliação de desempenho, disciplina, e registo. O Departamento de Pessoal e Administração é chefiado pela GM (P&A), que é assistida por outros gestores de pessoal e pelos seus membros do pessoal. Nesta organização, a contratação permanente de empregados, transferência, promoção, formação, pagamento de subsídios e adiantamentos são centralizados. Estas funções são atribuídas às diferentes células e estas cuidam de cada uma delas pelo Gestor (P&A). A GM (Pessoal) é assistida pela DGM (P&A). O gráfico seguinte mostra as asas técnicas, que têm direitos e poderes para analisar os aspectos técnicos.

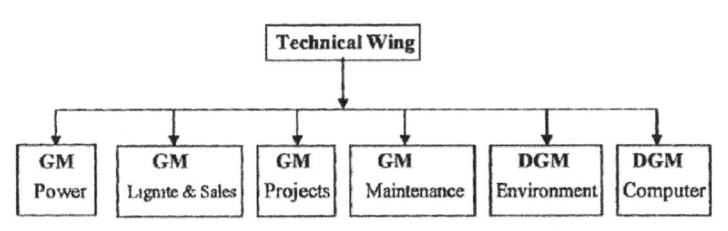

```
                          ┌──────────────┐
                          │Technical Wing│
                          └──────┬───────┘
     ┌─────────┬──────────┬──────┼──────┬─────────────┬──────────┐
  ┌──┴──┐  ┌───┴────────┐┌┴───────┐┌────┴──────┐┌─────┴─────┐┌───┴────┐
  │ GM  │  │    GM      ││  GM    ││   GM      ││   DGM     ││  DGM   │
  │Power│  │Lignite&Sales││Projects││Maintenance││Environment││Computer│
  └─────┘  └────────────┘└────────┘└───────────┘└───────────┘└────────┘
```

Figura-2.2 Organigrama, ala técnica no escritório da empresa, GMDC.

A ala técnica é chefiada por um Director Geral. Sob a ala técnica existem diferentes células responsáveis por diferentes questões técnicas, a GM (Power) tem a tarefa de central eléctrica que ainda não foi comissionada em Nanichher O Director Geral (Lignite & Sales) é responsável pelos projectos de lignite Rajpardi e Panandhro para questões técnicas, e pelas vendas de lignite e espatoflúor Ele é também apoiado pela DGM (Sales). O Director Geral (Projectos) cuida dos projectos de espatoflúor, instalações de calcinação e minas de bauxite. O Director Geral (Manutenção) é responsável pelas funções de manutenção de todos os projectos. O DGM (Ambiente) a nível corporativo cuida das condições ambientais de trabalho, como ar, água e ruído em diferentes projectos. Finalmente, a DGM (Informática) é responsável pelos assuntos relacionados com a informática nos escritórios das empresas e dos projectos. A GMDC está a operar os seguintes projectos que têm a estrutura de gestão em dois grupos principais como; administrativo e técnico.

Serial No.	Project	Location	Date of operation
1	Fluorspar	Kadipani, Baroda	1969
2	Bauxite	Gadhsisa, Kutch	1993
3	Bauxite	Bhatia, Jamnagar	1969
4	Lignite	Panandhro, Kutch	1973
5	Lignite	Rajpardi, Bharuch	1980
6	Multi-metal	Ambaji, Banaskantha	1974

Tabela-2.6 Projectos a nível de Gujarat, GMDC

2.5.2.1 Outras actividades do GMDC:

(a) Programa Ambiental: A indústria mineira desempenha um papel importante no desenvolvimento da economia nacional e também cria problemas do ambiente. A mineração de minerais e actividades associadas afecta negativamente o ambiente, resultando na degradação da terra, do ar e da poluição sonora.

Para enfrentar as graves consequências da situação ambiental, a empresa iniciou o programa de florestação maciça nas minas com a recuperação das áreas extraídas. Em diferentes projectos localizados em diferentes locais de Gujarat, a corporação plantou quase 7 plantas de lakhs em 812 hectares de terra. A recuperação das áreas minadas está a decorrer sistematicamente e um grande número de árvores de fruto é plantado. A monitorização do ambiente é efectuada regularmente. A corporação criou a sua própria equipa, que é responsável pela monitorização das condições ambientais. Esta equipa visita regularmente os vários projectos e efectua um levantamento da água e do ar. Além disso, a agência externa, o Conselho de Controlo da Poluição de Gujarat é também destacado para a monitorização das condições ambientais Um grande número de aspersores de água é também utilizado para suprimir o pó por pulverização de água. A Corporação está a utilizar alguns produtos químicos para minimizar a produção de poeira devido aos movimentos dos veículos pesados.

(b) Segurança nas Minas: A gestão do GMDC está consciente da segurança e interessada em evitar acidentes e perigos para a saúde. A segurança dos trabalhadores ajuda a desenvolver a auto-confiança entre os trabalhadores e aumenta a produtividade. A Corporação opera dois tipos de minas: Carvão e não-carvão ou metal. As minas de lignite são regidas pelo Regulamento das Minas de Carvão de 1957. As minas de espatoflúor e de bauxite são regidas pelo Regulamento das Minas de Metalíferas de 1961. O GMDC segue as disposições da Lei das Minas, 1952, relativamente aos aspectos de saúde, segurança e bem-estar dos trabalhadores. Existem outras regras relativas à conservação mineral, utilização de explosivos, aquisição de terrenos, controlo ambiental, etc. O Director Geral de Segurança de Minas, Dhanbad é a autoridade de controlo e regulamentação da Lei de Minas, 1952. De acordo com as normas estipuladas nesta Lei, a corporação tem gestores e engenheiros experientes e qualificados para a direcção e controlo efectivos da operação mineira. Os funcionários envolvidos recebem formação no próprio projecto. Cada projecto tem um departamento de segurança e formação chefiado por um engenheiro qualificado e este está a ser controlado pelo escritório da empresa pelo Director Geral (Minas) que se reporta ao Director Geral da empresa. São realizadas reuniões mensais do Comité de Segurança em todas as minas para revisão e implementação do estatuto de segurança sob a presidência do Director de Minas. A semana anual da segurança é também celebrada sob a orientação do DGMS/Director de Segurança de Minas (Região de Udaipur). Os trabalhadores das minas participaram nesta celebração e são recompensados pelas melhores sugestões, cartazes e slogans. Os trabalhadores das minas recebem dispositivos de segurança como capacetes, sapatos, respiradores, etc. Além disso, se necessário, os trabalhadores são enviados para formação específica para outras minas na Índia. A reunião tripartida de Segurança também se realiza pelo menos uma vez por ano, representada pela direcção, Director-Geral de Segurança de Minas e Sindicatos do GMDC. O principal objectivo desta reunião é criar uma consciência de segurança entre os trabalhadores e uma fácil implementação das regras e regulamentos de segurança. A corporação está a envidar esforços para reduzir a taxa de acidentes ao nível mais baixo, para que os trabalhadores possam ser encorajados a aumentar a produtividade.

(c) Desenvolvimento Comunitário: A GMDC investiu na infra-estrutura social dos locais do projecto. A corporação criou instituições educacionais, hospitais, albergues, salões comunitários e construiu também estradas. No projecto Panandhro, estas instalações são postas à disposição dos residentes da aldeia. A GMDC está a trabalhar activamente para melhorar o nível de vida da população local através da construção da casa Pucca e da criação de oportunidades de emprego. A Corporação está empenhada em aumentar os recursos de água potável dos lagos de 'água especialmente concebidos para Kutch são construídos para recolher e reter a água da chuva. Os poços existentes são devidamente alterados para retirar água da chuva das regiões circundantes através das forças capilares. Os laboratórios de investigação testam e monitorizam regularmente a qualidade da água potável. O GMDC tem também contribuído regularmente para o desenvolvimento de vários hospitais em Gujarat dedicados ao combate de doenças temíveis como o cancro. Isto tem ajudado a melhorar o nível de competência e capacidades médicas destes hospitais. Todas estas acções ajudaram a desenvolver a comunidade nos arredores dos projectos e a melhorar as relações públicas.

2.5.2.2 HRD no GMDC

Como todas as outras organizações, a GMDC é também uma organização que tem os seus certos objectivos. Nesta organização, estão a ser realizados diferentes tipos de trabalhos, tais como produção, marketing, finanças e administração. Para a consecução dos objectivos, estas funções estão a ser desempenhadas através da utilização dos recursos disponíveis. No GMDC também, os recursos são utilizados tal como são utilizados em outras organizações. Estes recursos são homens, máquinas, dinheiro, e materiais. Todos estes são utilizados pela administração. No GMDC, os esforços têm sido envidados para utilizar estes recursos de forma eficaz e eficiente. Sem estes recursos nenhuma organização pode alcançar os seus objectivos pré-determinados Estes recursos são muito valiosos mas, de entre estes, o recurso humano é o mais importante porque, através dos esforços combinados da mão-de-obra, outros recursos podem ser utilizados de outra forma não. Isto deve ser gerido adequadamente e foi realizado pelo GMDC como outras organizações.

A gestão do GMDC considera que os recursos humanos representam o total das capacidades inerentes, capacidades, conhecimentos adquiridos, aptidões e aptidões dos seus empregados. É dada a devida importância aos recursos humanos e a gestão percebe que a maioria dos problemas com a organização são humanos e sociais. No passado, a direcção não se apercebeu deste facto e teve um fraco desempenho e relações industriais. Nas situações actuais, a direcção de topo da empresa aceita que cada indivíduo que

trabalha tem o seu próprio conjunto de necessidades, objectivos e motivações. No GMDC, actualmente, cerca de 2800 pessoas trabalham em diferentes locais e níveis de idade, sexo, nível de educação, casta e comunidade diferentes. Estão a trabalhar no escritório da empresa, Ahmedabad, e em projectos localizados em locais diferentes. Os funcionários permanentes estão divididos em quatro classes. Estas turmas são de Classe I, Classe II, Classe III, Classe IV.
Para além destes, a GMDC tem contratado trabalhadores com tarifas diárias e mensais. A corporação também tem aprendizes e estagiários. Os trabalhadores permanentes estão divididos em dois grupos, como grupos técnicos e administrativos ou não técnicos. Aos empregados é atribuída a tarefa de acordo com as suas qualificações e experiência. Trabalham em diferentes departamentos, tais como pessoal, finanças, técnico, transporte, manutenção, minas, compra e investigação, e desenvolvimento. Esta corporação tem sistema de recrutamento contra postos sancionados. A sanção dos postos de trabalho é revista periodicamente. A equipa de gestão de alto nível é constituída na sua maioria por funcionários do IAS com a vasta gama de antecedentes, alguns peritos e políticos. Os gestores de topo a nível corporativo são as pessoas que têm a longa associação com a corporação. Têm a vasta experiência no sector público e também alguns no sector privado. São qualificados como a sua própria área e são peritos. Os gestores seniores em projectos são a pessoa qualificada na sua área, tais como minas técnicas, administração e finanças. Os gestores de nível médio no escritório da empresa são funcionalmente especializados, mas não têm experiência ou têm menos experiência em projectos. A nível de projecto, os gestores de nível médio especializam-se na sua respectiva disciplina. Os trabalhadores classificados diariamente não têm formação, não são qualificados e são residentes locais da área. Têm antecedentes agrícolas de ambos os sexos. Os trabalhadores com classificação mensal são seleccionados a partir de trabalhadores com classificação diária. Alguns trabalhadores qualificados são empregados directamente como trabalhadores com classificação mensal. Mesmo eles são transferidos de uma mina para outra também.

2.5.2.3 Factores que afectam a função de DRH

(a) Tamanho: O tamanho do GMDC é de tamanho médio. Não é uma organização muito grande. Devido à dimensão do GMDC, as funções do HRD são executadas e monitorizadas adequadamente. As circulares são dadas a tempo e são eficazes. As pessoas obtêm-nas e lêem-nas, (b) Localização geográfica/ Cobertura: O funcionamento do GMDC está a ser levado a cabo no Estado de Gujarat. A cobertura da área não é muito ampla. Está a ter

locais contatos dentro do Estado de Gujarat, pelo que a introdução, implementação e monitorização das funções de DRH está a ser realizada correctamente com esforços sinceros, (c) Comunicação: Nesta organização, a comunicação tem lugar entre os escritórios da empresa e os escritórios do projecto, de forma adequada. Há muito poucas hipóteses de comunicação imprópria. A possibilidade de comunicação imprópria não pode ser ignorada.

(d) Transferência frequente do Chefe do Executivo: No GMDC, tal como outras unidades do sector público, a transferência do Director-Geral e de outros directores tem lugar frequentemente no período normal e quando o governo muda no estado. Com o novo director-geral, as mudanças prioritárias e as funções de DRH são também afectadas. Por exemplo, em Outubro de 2002, o director-geral foi transferido imediatamente e as prioridades da organização foram alteradas. Com esta função de DRH também foram afectadas porque o tempo de trânsito perdeu muito entusiasmo e tempo. Assim, as funções e estrutura do GMDC são discutidas com o objectivo de obter uma visão geral do organismo governamental como um dos PSEs nas minas e na indústria mineral.

Resumo do capítulo

Este capítulo está principalmente centralizado com as questões relacionadas com as Relações Industriais a nível global e a Índia. O objectivo desta discussão é ligar as actividades de RH com as minas e a indústria mineral de Gujarat. Os diferentes componentes deste capítulo serão úteis para o avanço deste estudo como catalisador sob a forma de antecedentes teóricos e ferramentas de raiz para problemas e perspectivas das minas e indústria mineral de Gujarat.

Referências:

- A Government Report (2016) The Mining Information Clearing House of India (MICI) publicado pelo Ministério das Minas, Nova Deli.
- A Report by Geological Evolution & Mineral Resources, Gujarat (2010) publicado pelo GMDC, Gujarat.
- Um Relatório da Revisão da Acção Antiminas para a Décima Quinta Reunião dos Estados Partes na Convenção sobre a Proibição de Minas Antipessoal, publicado .www.mineactionreview.org.
- Abdul Ghafar Rassin (2012) A Comprehensive Study of Marble Industry, Afghanistan Research & Statistics Department Afghanistan Investment Support Agency, Research & Statistics Department, AISA.
- Acheampong, E. (2004). Impact assessment of mining activities by Ashanti Goldfields- Bibiani Limited on the environment and socioeconomic development of Bibiani. Dissertação de graduação não publicada, Faculdade de Ciências Sociais, Universidade de Ciência e Tecnologia de Kwame Nkrumah, Gana.
- Alka Pradhan et.al (2017), Socioeconomic study of people living arounds the Multimetal mining area near the Ambaji, Gujarat, Journal of Chemical, Biological and Physical Sciences E- ISSN: 2249 -1929
- Andoh, A. A. C., (2002) Mining and the Environment in proceedings of the national mining conference on "Mining, the Environment and Sustainable Development". K. Baming e B. Dorgbetor (eds). Publicado pelo MC, Accra.
- Anne Hawke e Mark Wooden, Reformas das Relações Industriais na Austrália: Implicações para os Sectores da Agricultura Mineira, The Australian Journal of Agriculture and Resource Economics pp-303-319,Austrailia
- Relatório Anual (2016) publicado pelo Ministério das Minas, Nova Deli
- Armstrong, M. (2006). Gestão estratégica dos recursos humanos: Um guia para a acção 3ª edição. Thomson-Shore, Inc.
- Amab Kumar Hazra,(2013) Development of Indian Mining Industry - The Way Forward, New Delhi Mines and Metal Division, FICCI, New Delhi.
- Baer Walter "Grievance Handling" AMA, NewYork, 1970.
- Bazhenova, E., Taratukhin, V., & Becker, J. (2012). Rumo à gestão do processo empresarial nas pequenas e médias empresas das economias emergentes. 7º Fórum Internacional sobre Tecnologia Estratégica (IFOST), pp 1-5.
- Bob Giddings, Bill Hopwood* e Geoff O'Brien (2002) Ambiente, economia e sociedade,

- encaixando-os juntos no desenvolvimento sustentável. Desenvolvimento Sustentável Sust. Dev. 10, 187-196 (2002) Publicado online em Wiley Inter science (www.interscience.wiley.com). DOI: 10.1002/sd.l99.
- Boxall, Purcell e Wright, (2007), HRM, âmbito, análise e significado Oxford University Press ppl-16
- Brunson, M.W.; Steel, B.S. 1996. Fontes em variação de atitudes e crenças sobre a gestão federal da Rangereland. Journal ofRange Management. 49: 69-75.
- C. R. Kothari (2009) "Metodologia de Investigação: Methods & Techniques" (Segunda Edição Revista), New Age International Publishers, Nova Deli.
- C.B. Memoria, *Industrial Labour and Industrial Relations,* Vol.II, 1975, p.25.
- C.K. Johri, "Industrial Relations as regulated by Law": Suggestions for Change", *Indian Journal of Industrial Relations,* Vol.31, No.4, Abril de 1996, p.439.
- Carolyn Stephens & Mike Ahem(2001), Worker and Community Health Impacts Related to Mining Operations Internationally A Rapid Review of the Literature, MMSD, iied, World Business Council for Sustainable Development, Londres
- Carson, M., Cottrell, S., Dickman, J., Gummerson, E., Lee, T., Miao, Y., Teranishi, N., Tully, C. e Uregian, C. (2005) Managing mineral resources through public-private partnerships: mitigating conflict in Ghanaian gold mining. Documento de trabalho WWS591C, Woodrow Wilson School ofPublic and International Affairs, Princeton University.
- Carvalho, J.F., Henriques, P., Fale, P., & Luis, G. 2008. Critérios de decisão para a exploração de depósitos de pedras ornamentais: Aplicação aos mármores do Estremoz Anticline português. International Journal of Rock Mechanics & Mining Science 45, 1306-1319.
- Chandrajit Banerjee (2014) Colocando a Índia no caminho do crescimento: Libertar o potencial mineiro, publicado & apresentado pela McKinsey & Company, Inc., Nova Deli.
- Comissário da Indústria (2016), Mapa Mineral do Distrito de Banskantha, preparado pelo Comissário Distrital da Indústria, Banaskantha, Gujarat.
- Comissário da Indústria (2016), Mapa Mineral do Distrito de Banskantha, preparado pelo Comissário Distrital da Indústria, Patan, Gujarat.
- Coulter K, Roggeveen A (2012) Gostar ou não: Respostas dos consumidores à comunicação boca-a-boca nas redes sociais em linha. Management Research Review 35: 878-899.
- D.Subrahmanyam (2013) no seu discurso na Federação das Indústrias Indianas em reunião anual até Agosto,2013.
- Dale Yoder, Personnel Management and Industrial Relations, 1997 Printice Hall of India Página

19.
- Dr S Gunasekaran e G Manicandan (2009), Estudo de Viabilidade para o Estabelecimento de Normas no Sector da Pedra Natural no Rajasthan, Centro de Educação e Comunicação (CEC), Nova Deli.
- Dr. H.S.Yadav (Dy. Manager, Gem Granites) e A.RajanBabu, Cientista, Instituto Nacional de Mecânica das Rochas, Kolar-"Some Issues on the Future of Gujarat Granite".
- Dunlop, John, *Industrial Relations Systems,* Henry Host & Co., 1958, Prefácio, p.viii.
- E.F.L. Breach, *The Principle and Practice of Management,* 1955, p.406.
- Edwin B. Flippo, Gestão de Pessoal Quinta Edição McGraw Hill Ltd. Página 378.
- Freudenburg, W.R., e L.J. Wilson. 2002. Extrair os dados: Análise das implicações económicas da exploração mineira para regiões não metropolitanas. Inquérito sociológico 72(4):549-575.
- G. Singh, "Questões ambientais com melhores práticas de gestão da mineração responsável", apresentado na 20ª Convenção Nacional de Engenheiros de Minas, Centro Local de Neyveli: Índia, 30 de Janeiro a 1 de Fevereiro de 2009.
- Relatório do Governo, (2016) Mining Contribution in SGDP,Gujarat Socio-economic review publicado pelo Governo de Gujarat.
- Convidado, D., Michie, J., Conway, N., & Sheehan, M. (2011). Um estudo da gestão de recursos humanos e do desempenho empresarial no Reino Unido. British Journal of Industrial Relations.
- Hafiza, S.N., Shah, S.S., Jamsheed, H., & Zaman, K. (2011). Relação entre recompensas e motivação dos empregados nas organizações sem fins lucrativos do Paquistão. Business Intelligence Journal, 4(2), 327-329.
- Hilson G. Harvesting mineral riches: lOOOyears of gold mining in Ghana Resources Policy.2002;28(l-2):13-26. doi: 10.1016/80301-4207(03)00002-3
- Holbeche, L. (2004). Como tornar o trabalho mais significativo. Personnel Today, 26.
- Horst Hejny(2013), Earth Observation to Sustain Interaction between Mining Industry, Organismo regulador Intervenientes locais, World mining Congress, Globethics.net Suíça
- http://www.cienciaviva.pt/img/upload/Introduction%20to%20mining.pdf
- http://www.indianet.nl/sustainablestone.html
- http://www.miningglobal.com
- http://www.responsiblemining.net
- http://www.scirp.org/(S(vtj3fa45qmlean45vvvffcz55))/reference/ReferencesPapers.aspx?ReferenceID=2124719

- http://www.shiftproject.org/resources/special-tópicos/
- http://www.worldbank.org
- https://bizfluent.com/info-8557112-extemal-factors-affecting-mining.html
- Instituto Indiano deP.M., Gestão de Pessoal na Índia* 1973
- J.H. Richardson. *Jlu Introdução ao Estudo das Relações Industriais,* p.26.
- J.R.Steelmen, Citado por H.S. Kirkadly, *The spirit of industrial relations,* p.58.
- James N (1997) Uma visão geral da política mineral da Papua Nova Guiné. Política de Recursos, 23 (1/2): 97-101.
- Jim Hogan de Carrara (2008) Marketing, Sales and Pricing Strategies and Innovative Everyday on tap in Orlando publicado por The Cutting Age,
- K.R. Shyam Sundar, *Indian Journal of Industrial Relations,* Vol.40, No.1 Julho de 2004, pp.70-94.
- Karim Ramji(2013) The Strategic Risk Assessment Management of Indigenous Issues in the Extractive Sector, World Mining Congress, Globethics.net, Suíça
- Kathleen M. Kowalski, et.al (2014) The Evolving Mining Workforce: Training Issues, publicado pelo Laboratório de Investigação de Pittsburgh, África do Sul.
- Keith Devis; Human Behaviour at work, Tata McGraw Hill Publishing Company Ltd. NewDelhi, 1985.
- Kesar Singh Bhangoo, *Dynamics of Industrial Relations,* Deep and Deep Publications, NewDelhi, 1995,p.2.
- Komhauser Dubin R. e Ross A.M. "Industrial Conflict" McGraw Hill, Nova Iorque 1954 Página 14.
- Larmer, M. (2016). Na encruzilhada: Mudança mineira e política no Katangese- Zambian Copperbelt. Manuais de Oxford Online.
- Mamoria e Mamoria 'Dynamics of Industrial Relations' Himalaya Publishing House (2002) Página 251.
- McGregor, H. (2011). Gestão de pessoal de recursos humanos. West Publishing Company, St. Paul Ministry.
- Livro electrónico do sector mineral (2016) publicado pelo Ministério das Minas, Governo da Índia, Nova Deli.
- Muogbo, E.U. (2013). The Impact of Strategic Management on Organizational Growth and Development (A Study of Selected Manufacturing Firms in Anambra State). IOSR Journal ofBusiness and Management, 7 (1), 24-32.

- N.U.K.Sherwani, *Industrial Relations in India,* Anmol Publishing Pvt. Ltd., Nova Deli, 2000, p.2.
- Okyere, S.A. (2014). Mineração, Ambiente e Conflitos Comunitários: Um Estudo de Conflitos Comunitários de Empresas sobre a Exploração Mineira de Ouro e seus derivados. Implicações para o Planeamento Comunitário Local no Gana. Icar/20 Tecnica E Pianificazione Urbanistica
- Ordway, Tead e Metcalfe, *Administração de pessoal; os seus princípios e prática,* 1970, p.2.
- Overview of Mining Industry India, Sponsored by the Virginia Economic Development Partnership (VEDP) Relatório elaborado pela Feedback Business Consulting Services Pvt. Ltd. Julho de 2014.
- OxfamAmericaAnnualReport(2009)   https://www.oxfamamerica.org/explore/research-publications/annual-report-2009/
- P.C. Tripathi, C.B. Gupta, *Industrial Relations and Labour Laws,* Suithan Chand and children, 1996, p.69.
- P.Subba Rao Essentials of HRM and Industrial Relations Himalaya Publishing House, 1996. Página 597.
- P.Subba Rao, HRM e Relações Industriais 1999. Página 503 da Editora Himalaya.
- Peter Droll (2017), Industry in Europe, Facts & figures on competitiveness & innovation publicado pela União Europeia, Luxemburgo.
- Philip Kotler (2013),Gestão de Marketing, Printice Hall, Nova Iorque
- Philippe Angers (2013) The Social Acceptability Process of the Canadian Malartic Mine,World Mining Congress, Globethics.net, Suíça.
- Quadro "Proteger, Respeitar e Remediar" aprovado pelo Conselho dos Direitos Humanos da ONU em 2008, que os Princípios Orientadores foram criados para implementar. Página do portal sobre os Princípios Orientadores. Nov 2010-Jan2011consulta sobre o projecto de Princípios Orientadores conduzida pelo Representante Especial
- R.A. Lester, *Labour and Industrial Relations,* 1954, pp.227-234.
- Ramsey Hart e Catherine Coumans (2013) Evolving Evolving Standards and Expectations for Responsible Mining. A Civil Society Perspective ,World Mining Congress, Globethics.net, Suíça.
- Richard A Lester 'Economics of Labour' McGraw Hill Publication 1975
- Robert H. Peters (2013), Review of Recent Research on Organizational and Behavioral Factors Associated with Mine Safety, África do Sul.
- Roy SJ, Lassar WM, Butaney GT (2014)O impacto mediador da viscosidade e lealdade na promoção boca-a-boca dos sítios de venda a retalho. European Journal ofMarketing 48: 18281849.
- S.N. Pandey, "Role of Industrial Relations Manager in Changing Industrial Relations Scenario",

- *Indian Journal of Industrial Relations,* Vol.34, No.4, Abril de 1999, p.491.
- S.R. Mohan Das, Industrial Relations - The Coming Decades", *Indian Journal of Industrial Relations,* Vol.26, No.l, Julho de 1990, p.80.
- Sievanen L., Crawford, B., Pollnac, R. e Milne, N. (2005) Weeding through assumptions of livelihood approaches in ICM: seaweed farming in the Philippines and Indonesia. Ocean and Coastal Management, vol. 48 No.3-6, pp. 297-313.
- Soni, A., & Cohen, H. (2004). Lançar com sucesso o seu produto: acertar. Handbook of Business Strategy, 5(1), 263-268.
- Sudha Deshpande e Lalit K. Deshpande, "Impact of Liberalisation on Labour Market and Industrial Relations in India", *Indian Journal of Labour Economics,* Vol.39, No.3, Julho - Setembro, 1996, p.553.
- Suleyman BARUTCU (2008) Porter's Five Forces Analysis for Natural Stone Industry and Competitive Strategies, Journal of Global Strategic Management | V. 2 | N. 1 | 2008- Junho | isma.info | 58-67 | DOI: 10.20460/JGSM.200821850
- Relatório TERI(2001) Overview of Mining and Mineral Industry in India, Nova Deli.
- Theophile Yameogo e Jose J. Suarez (2013),Education is the Stumbaling Block for the Mines for the Future, Mining Ethics and Sustainability World mining Congress, Globethics.net Switzerland
- Thomson, K. (2009). Políticas de desenvolvimento, intervenções estatais e lutas pelos direitos de subsistência nas comunidades costeiras em Kerala, Índia: Um estudo de caso da pesca do molusco de Cochin. Ocean and Coastal Management (52) pp. 586-592.
- Tony Greenfield/Métodos de Investigação: Orientação para Pós-Graduados Londres: Arnold, 1996. P. 3.
- V.B. Singh, Climate for Industrial Relations (citado em Memoria, C.B.,) *Personnel Management,* Bombay, Himalaya Publishing House, 1982, p.754.
- van der Horst, D; Токе, D (2010) Exploring the landscape of wind farm developments; local area characteristics and planning process outcomes in rural England. Política de Uso da Terra, 27:214-221
- Wright, P. M., Gardner, T. M., Moynihan, L. M. & Allen, M. R. (2005) The Relationship Between HR Practices and Firm Performance: Encomende a Escola DigitalCommons da Universidade de Cornell ILR no Centro de Estudos Avançados de Recursos Humanos ILR, NewYork.
- Yeboah, J.Y. (2008). Environmental and Health Impact of Mining on Surrounding Communities: Um Estudo de Caso de Anglogold Ashanti em Obuasi. Uma tese não publicada de Mestrado em Artes, Departamento de Geografia e Desenvolvimento Rural, Universidade de Ciência e

Tecnologia de Kwame Nkrumah.
- Zahra, Dr. Imran Hashmi, Nadia Akhtar(2014) Occupational Health and Safety Issues in the Marble Industry and their Potential Measures, International Journal of Scientific & Engineering Research, Volume 5, Número 2, Fevereiro-2014 1137 ISSN 2229-5518.
- Zupznov Gosip "Structural Conditions of Employees Participation Some Unreserved Issue" in Thakur and Sethi, Op cit Page 283.

I want morebooks!

Buy your books fast and straightforward online - at one of world's fastest growing online book stores! Environmentally sound due to Print-on-Demand technologies.

Buy your books online at
www.morebooks.shop

Compre os seus livros mais rápido e diretamente na internet, em uma das livrarias on-line com o maior crescimento no mundo! Produção que protege o meio ambiente através das tecnologias de impressão sob demanda.

Compre os seus livros on-line em
www.morebooks.shop

info@omniscriptum.com
www.omniscriptum.com

OMNIScriptum

Made in United States
Orlando, FL
10 May 2025